Plotinus' Beauty-Good
and the One

陈中雨

著

普罗提诺的
美善观及其太一论

上海交通大学出版社
SHANGHAI JIAO TONG UNIVERSITY PRESS

内容提要

本书是对新柏拉图主义者普罗提诺《九章集》思想的解读,主要包括以下方面:第一,在美学和伦理学意义上建构普罗提诺的形而上和形而下思想体系的统一性;第二,将普罗提诺思想与中国哲学进行比较分析;第三,反思现代文明及消费文化对传统的遗忘,以及现代文明和消费文化的狭隘性。本书将解读放在当下的视域之中,形成对现实的有效批判。在对西方文明的反思中,本书提出了对西方城邦文明基础的狭隘性以及缺少以天下为己任的胸怀,尤其是战争思维的反思,这是以荷马、柏拉图、亚里士多德和普罗提诺的研究作为基础而提出的观点。本书可供古希腊古罗马思想研究者、中西文化比较研究者和对西方文明感兴趣读者阅读参考。

图书在版编目(CIP)数据

普罗提诺的美善观及其太一论/ 陈中雨著. — 上海:
上海交通大学出版社,2020
ISBN 978 - 7 - 313 - 22560 - 3

Ⅰ.①普… Ⅱ.①陈… Ⅲ.①普罗提诺(Plotinos 约
204 - 270)-哲学思想-研究 Ⅳ.①B502.44

中国版本图书馆 CIP 数据核字(2019)第 293779 号

普罗提诺的美善观及其太一论
PULUOTINUO DE MEISHANGUAN JIQI TAIYILUN

著　　者:	陈中雨			
出版发行:	上海交通大学出版社	地　　址:	上海市番禺路 951 号	
邮政编码:	200030	电　　话:	021 - 64071208	
印　　制:	上海新艺印刷有限公司	经　　销:	全国新华书店	
开　　本:	880 mm×1230 mm　1/32	印　　张:	8.125	
字　　数:	192 千字			
版　　次:	2020 年 11 月第 1 版	印　　次:	2020 年 11 月第 1 次印刷	
书　　号:	ISBN 978 - 7 - 313 - 22560 - 3			
定　　价:	68.00 元			

序 言

　　20 年前,准确地说是 1999 年 2 月 7 日到 6 月 22 日,我的主要工作是撰写那本篇幅不小的《西方美学初步》。古罗马部分主要涉及四位哲人:西塞罗、贺拉斯、朗吉努斯和普罗提诺。普罗提诺的主要著作《九章集》当时没有中译本,我所使用的中文材料除朱光潜等人的选译外,主要是缪灵珠选译的专论美学的第一卷第 6 章、第五卷第 8 章(载《缪灵珠美学译文集》,中国人民大学出版社 1987 年版)。北京大学哲学系外国哲学史教研室编译的《古希腊罗马哲学》(商务印书馆 1982 年版),苗力田主编的《古希腊哲学》(中国人民大学出版社 1989 年版)中的选译也有参考。因为普罗提诺在我那本书中只占四千字的篇幅,故这些选译大体也够用了。

　　近 20 年来,我国人文学术界在翻译、研究西方古典哲学方面卓有成绩。尽管普罗提诺不是其中的重点人物,但中国学者也对这位新柏拉图主义的主要代表奉献了研究的热情。《九章集》有两个完整的译本(石敏敏译,中国社会科学出版社 2009 年版;应明和崔峰译,上海三联书店 2017 年版)。一些研究论著,如张映伟《普罗提诺论恶:〈九章集〉一卷八章解释》、石敏敏《普罗提诺的"是"的形而上学》、刘玉鹏《自净其心:普罗提诺的灵魂学说研究》、王强《普罗提诺终末论思想研究》、陈越骅《神秘主义的学理源流——普罗提诺的太一本原论研究》等，都具有较高的学术水平。当然，这些译作著作的问世，正提示我们，对普罗提诺这样一位在西方哲学史和思想史上占有重要地位的古典哲人进行充分的认识与解释，我们还有许多研究工作要做。

正是自觉到这一点，中雨在认真准备之后把普罗提诺的美善观及其太一论作为自己博士论文的主题。中雨认为，目前国内有关普罗提诺的研究，主要集中在一些具体问题的分析，还没有形成真正的体系性和结构性的研究。而他自己的研究重点，就是普罗提诺的思想结构性、系统性方面，主要是本体论的"太一—理智—灵魂"与现象界的"宇宙—自然—生命物"的演化过程，由此生成《九章集》思想体系。在此过程中，亚里士多德的观点，特别是其范畴论发挥了重要的、隐性的作用。中雨的研究重在普罗提诺思想的体系性和完整性，应当说，这也只是理解和研究普罗提诺的方法之一。我们知道，普罗提诺留下的只是大量话题广泛、长短不一的文章，后人波菲利按照6卷、每卷9章的体例将这些文章编辑为《九章集》。因此，普罗提诺是否有一个完整的思想体系，是一个值得研究的问题。奥斯陆大学普罗提诺研究专家 E.K.埃米尔森说："即使普罗提诺诸多作品深层要比表面看到的更全面、更系统，普罗提诺也绝不是一个建构体系的思想家。"（大卫·福莱主编：《从亚里士多德到奥古斯丁》，冯俊等译，中国人民大学出版社2004年版，第426页）根据这一判断，可以有两个研究思路：一是只研究普罗提诺的具体问题；二是顺其理路呈现其完整体系。中雨选择的是后一种研究方案，需要对其著作进行深入研读并对柏拉图与"新柏拉图主义"传统有较全面的理解。这对一名博士研究生来说，是一个很大的挑战。应当说，中雨最后完成的论文基本实现了他原来设想的目标，其在学术上的得失，还要请西方哲学的专家们来评价。

我在写完《西方美学初步》之后，就没有继续对普罗提诺进行具体深入的研究。中雨的博士指导老师原来是李咏吟教授。当时李老师从浙江大学调来上海交通大学工作,但他似乎舍不得离开西湖,不久还是回浙大去了。这样中雨就转到我的门下,此时他的论文已经基本完成,我所做的,更多是从博士论文的一般规范等方面指导他。当时上海交通大学没有哲学学科的博士点,中雨是在"工商管理(媒介管理)专业"下完成博士阶段学习研究的,应当说,他没有研习西方古典哲学的良好环境,但他很自觉、也很刻苦,所以能在非常世俗化、应用化的学术环境中,顺利完成这样一篇古典哲学的博士论文。中雨最后获得的是管理学博士学位。就其所学专业及论文的学科来看,这显然是名实不符,但在目前的环境中似乎又有利于他的就业——中雨毕业后到西北大学新闻传播学院广告系任教。开始,我还为他的用非所学而遗憾,但重读他的论文后,我的看法改变了。

中雨在本书中认为,普罗提诺的《九章集》提供了一种探索人的价值和意义的思路。这一思路区分为纵向结构与横向结构,前者是指神圣性宇宙、自然、人、动植物的世界,后者是在人与人之间形成的城邦、商业、政治和经济的现实世界。普罗提诺是在神圣性宇宙、自然、人、动植物的世界里,思考人的价值和意义的,而这是现代社会忽视的一个环节。"现代社会中人思考人的价值和意义,都在人制造的规则、机制之中,在横向结构之中,因此文化是一种等级结构,而对这种结构的反思和批判,仍不能动摇这种结构,因为人是被肢解的人,不是全面的人,是为利益集团发声的人,不是为整个世界思考的人,也不是对宇宙、自然和社会的纯粹性而思考的人。现代社会延长了人的生命,多元化人的生存价值,但仍不能解决人的死亡问题,这个人必须面对的问题,因此普罗提诺哲学的价值仍存在,因为他针对现实世界的苦难,将世界和人的本体指向了一个纯粹的世界,一个形而上的结构性世界,一个美好的世界。"我很赞同中雨的这段评论。普罗提诺对永恒世界的向往,对理性生活推崇、对心灵世界的分析等,甚至"人的欲望是向善的""真正的实在就是美""如果心灵还没有变得美,它就看不见美"这类具体观点,至今也没有失去其意义。如此说来,普罗提诺不但有哲学史的意义,对于生活在意义危机中的现代人来说,也是可资活化的文化资源。普罗提诺有一个重要观点:灵魂是居间的存在,它凭借静观接受心智或精神的内容——理念,又仿照这个原型创造感性世界。与创造性的心智相比,灵魂是被动的本原;与物质相比,它又是主动的本原。因此,可以把灵魂分为高级与低级两种,前者是向理念世界的回归,后者是向物质世界的堕落。正如太阳的光线一样,放射越远,光就越弱。灵魂掉进尘世的泥淖后成为肉欲的俘虏,以致脱离了与理念的联系,成为一种虚假的存在。这就如一个幼年时被带离家门并在遥远的异地被养大的孩子会不认识他的父亲、也不知道他自己一样。但灵魂始终有"我来自何处的"意识,在暗淡迟钝的物质中,在沉沦罪恶的地狱中,灵魂还想回到自己的家园,"让我们回到我们亲爱的故乡吧,在故乡才能听到最真挚的忠告!"(单世联:《西方美学初步》,广东人民出版社 1999 年版,第 106 页)对于生活在因功利主义、物质主义、消费主义而荒芜的文化生活中的我们来说,这种召唤岂非十分亲切?

中雨深入研究过普罗提诺,现在却站在"广告学"的讲堂上,这不是他的尴尬或困境,而是他的幸运和机缘:他可以成为古典哲学与现代文化之间的津渡,如果他能有定力和毅力的话,我相信他会有的。假如西北大学广告学的学生都因中雨而读一点普罗提诺,那么我也相信,他们不但可以把广告做得好一点,而且可以对广告的败坏性质有所警惕。

单世联

2020 年春于广州

前　言

　　普罗提诺生活在古罗马帝国时期,他专注于柏拉图思想的研读,在批判亚里士多德思想的基础上,形成了独特的普罗提诺哲学。学界常常称其为"新柏拉图主义者",然而,黑格尔认为也可以称他为"新亚里士多德主义者"。在国内,学者往往将其思想归属于古希腊哲学范畴,然而在哲学史和思想史的连续性方面,普罗提诺还是中世纪哲学开端性的人物。

　　通观普罗提诺的著作《九章集》全书,美善和太一是其哲学的精髓。无论灵魂论,还是理智论,都服务于美善和太一的终极目的。作为身体性的存在,人和动物如何能够抵达终极的美善和太一? 普罗提诺给出的答案是:灵魂与肉体分离,以及灵魂独立生活。普罗提诺在生命之外确立起本体界:"太一——理智——灵魂"。万物都处在"太一——理智——灵魂"三本体之中,灵魂想拥有属于自己的存在是宇宙演化的开端,宇宙、自然、人、动物、植物、形式和质料都是灵魂想成为自己的结果。在灵魂想成为自己的过程中,灵魂遗忘三本体的存在,迷失于肉体和物质的异乡,形成了天地及万物,我们的生存环境诞生于灵魂自然的向下一跃与灵魂的迷失。

普罗提诺认为：在灵魂迷失的世界里，万事万物变得复杂，可见和可分是世界呈现的样态。在人和动物的世界里，可见和可分是具身性灵魂的身体性感知、论证和判断，表现为感知觉、欲望和理性。在具身性的世界里，行动处于感知觉、欲望和理性的牵绊之中，宇宙、自然、动物和人没有绝对的自由，因为行动满足于身体性和物质性的欲望和理性。在宇宙演化的世界中，普罗提诺认为有两样东西值得追求：美和善。但美和善一定要处于灵魂的视域之下，如果美善处于肉体和物质的视域之中，对美善的追求就直接转化为对欲望的满足，它不断扩张人的贪欲。普罗提诺确立了三种美：感性美、德性美和理智美。感性美以身体为中心，通过眼、耳、鼻、舌、身形成身体意识，满足人的低级的需求；德性美具有两个视域：个人和城邦。个人的德性美通过灵魂与肉体分离，抵达理智的视域，最终与神合一；城邦的德性美通过个人生活的整体性满足，抵制个人欲望无限扩张，目的是实现城邦生活的稳固与和谐，使得个人幸福和安全得到保障。普罗提诺的《九章集》跳过了城邦的维度，因为普罗提诺的时代，城邦并不是人们幸福和快乐的源泉。从个人的感性美和德性美，普罗提诺上升到了个人的理智美。在这一点上，普罗提诺回归到苏格拉底，苏格拉底之死是个人的回归，回归至苏格拉底的天命。普罗提诺认为真正的美在理智界，理智美是美的本体。在普罗提诺哲学中，美的下降与太一流溢论整体保持同一，丑是美下降的终点，是美无力控制的存在，普罗提诺称其为质料的世界。普罗提诺确立了三种善：个人之善、城邦之善和宇宙之善。个人之善有两个维度：城邦和宇宙。城邦的维度使得个人遵循城邦的律法和习俗，保护城邦的稳固与和谐，使人的生活幸福快乐。宇宙的维度使得个人与宇宙大化保持同一，回归善的源头，形成至善论。普罗提诺认为宇宙演化世界的本体是至善，恶是宇宙演化过程中的不足与缺乏。因此，从美善合一的维度,普罗提诺哲学超越了城邦论的幸福和快乐,上升到宇宙论的高度,并认为宇宙生成于"太一—理智—灵魂"三本体的流溢。

普罗提诺对"太一—理智—灵魂"三本体问题进行了深入的研究。他认为太一是宇宙源源不断地生成的动力,太一即至善,太一拥有绝对的自由意志;理智是万物的原理,是宇宙演化世界的本原和生成法则。理智是二,理智自身与自身分离,形成数、空间和多。灵魂进入理智的数、空间和多之中,并将理智带入宇宙生成和宇宙演化,形成灵魂属于自己的存在,生成时间。灵魂拥有自己的存在,是有形世界生成变化的原因,最终的动力来自太一至善的流溢。普罗提诺从唯心论角度解释了宇宙生成和万物存在的缘由,我们以及我们所处的世界是"太一—理智—灵魂"三本体的呈现。在奥古斯丁的著作中,太一及太一流溢直接转化为上帝以及上帝创造世界,普罗提诺的美善观和太一论解决了奥古斯丁早期所受的善恶二元论思想的影响,为中世纪神学解释学提供了一种方法。

普罗提诺之于现代意义是无穷的:第一,他提供了完整的传统形而上学知识,包括:自然形而上学、道德形而上学和城邦形而上学。第二,他提供了从物质世界到精神世界再到超精神世界的完满的生成和回归的认知路径。第三,他为现代的身心论哲学提供一种强大的宇宙论背景,将身心论问题纳入宇宙论的广阔背景之中,从而超越了语言论、意识论、身体论和情感论所形成的物理主义的狭隘性。第四,他为美预留了本体的位置,并将艺术提高到自然本体、宇宙本体和道德本体的位置。太一的流溢,即是美本身,即艺术的创造,即宇宙的呈现。

目　录

第 1 章

普罗提诺思想研究述评

人不可能认识到神，因为人的知识是有限的。人不可能与神同在，因为人与身体同在。然而，人为什么要把自己织入宇宙、自然的存在，甚至是非身体的精神存在中呢？为了使那短暂的生命显得有意义——人创造了"永生"和"轮回"。最初，这绝对不是伦理和道德的枷锁，为了不把人的生命局限在身体和城邦的世界里，诗人和哲人创造了有翼飞翔的灵魂，这灵魂上天入地，诉说着它们的奇妙体验，这灵魂就像承载着特洛伊战争胜利消息的浓烟一样，一个关隘一个关隘地欢快跳跃着，直抵阿尔戈斯的领土。普罗提诺就像这伟大消息的传递者，他跳过了一个又一个历史时期，抵达了我们这个时代。"人是什么？人应该怎样在世界之中生活？"这是哲人的追问，也是每个人的追问。

第1节　普罗提诺生平及著作

普罗提诺（Plotinus，205—270），被后来的学者称为"新柏拉图主义"的代表，他生活在一个多元变动的时代，"基督教兴起，诺斯替教派

（Gnosticism）①和其他类似思潮的流行，便是这种时代风尚的见证"。②
面对这个多元的时代，普罗提诺选择回归柏拉图著作本身，过一种沉思的
生活，他认为自己是一位柏拉图思想的正宗阐释者，然而，在超历史的视角
来看，普罗提诺仍不能脱离他特殊的时代。其作品《九章集》显示，古希腊
神话、柏拉图（Plato）、亚里士多德（Aristotle）、斯多葛主义（Stoicism）、早期基
督教、诺斯替主义（Gnosticism），都深深地吸引和影响了普罗提诺。艾米尔
森（Eyjólfur Kjalar Emilsson）认为："普罗提诺之所以被视为一个里程碑式
的重要人物，首要原因在于他集当时各种学说之大成并发扬光大。同时还
有一个重要的原因是，他是当时第一个有大量文稿保存下来的重要的柏拉
图主义者。"③普罗提诺不但对柏拉图的著作了如指掌，而且对亚里士多
德的著作也提出了批评性的解读，黑格尔（G.W.F. Hegel）认为："我们
可以说柏罗丁④是一个新柏拉图派，也同样可以说他是新亚里士多德
派，他的书里很多表现方法完全是亚里士多德式的。"⑤因此，研究普罗
提诺的意义是巨大的，通过普罗提诺回归柏拉图和亚里士多德，能够为现
代学者理解柏拉图和亚里士多德提供一个新的视角，同时也为中世纪早
期为何柏拉图的著作得到了发扬光大，成为中世纪基督教神学的参照，
而亚里士多德的著作却以一种隐性的方式发挥作用提供解读。

　　根据波菲利（Porphyry）的《普罗提诺的生平和著作顺序》（*On the Life of Plotinus and the Order of His Books*）（以下简称《生平》）记载，

① 诺斯替教派，流行 1—3 世纪的罗马帝国时代，融神学与哲学一体的一个教派。
② 〔美〕大卫·福莱主编，冯俊等译：《从亚里士多德到奥古斯丁》，北京：中国人民大学出版社，2004 年，第 423 页。
③ 〔美〕大卫·福莱主编，冯俊等译：《从亚里士多德到奥古斯丁》，北京：中国人民大学出版社，2004 年，第 420 页。
④ 即普罗提诺。
⑤ 〔德〕黑格尔著，贺麟、王太庆译：《哲学史讲演录（第三卷）》，北京：商务印书馆，2009 年，第 197 页。

普罗提诺对自己居住在身体里为耻，因此，他从不愿谈论自己的家族、父母或出生地①。他从未告诉任何人他的出生月份和具体日期②。《生平》里记载普罗提诺逝世时，约为公元 270 年左右，"此时正值克劳狄乌斯(Claudius)统治的第二年年末，根据欧斯托克乌斯(Eustochius)的说法，普罗提诺 66 岁。"③可见，欧斯托克乌斯是知道普罗提诺的出生年月的。普罗提诺生于埃及④，28 岁时，他产生学习哲学的冲动，来到亚历山大里亚，遍访名师，最后在朋友的帮助下跟随阿莫尼乌斯(Ammonius)学习哲学长达 11 年之久，完成了系统的哲学训练。在学期间，他希望能够了解波斯和印度的智慧，随后，他跟随戈尔狄安三世(Gordian Ⅲ)远征波斯，但年仅 19 岁的戈尔狄安三世在临近幼发拉底河和阿博拉斯河交汇之处被手下叛军杀害⑤，普罗提诺克服重重困难

①〔古罗马〕普罗提诺著，石敏敏译：《九章集》，北京：中国社会科学出版社，2009年，第 1 页。
②〔古罗马〕普罗提诺著，石敏敏译：《九章集》，北京：中国社会科学出版社，2009年，第 3 页。
③〔古罗马〕普罗提诺著，石敏敏译：《九章集》，北京：中国社会科学出版社，2009年，第 3 页。
④ 关于普罗提诺的出生地，存在着争议。A.H.阿姆斯特朗(A.H. Armstrong)的英译本脚注中给出了两种解释：一、尤纳皮乌(Eunapiu)说普罗提诺来自埃及，他的出生地为吕科(Lyco)。二、戴维(David)在评论波菲利《规范》(Isagoge)的前言中说普罗提诺出生地为吕科波利斯(Lycopolis)，可能是上埃及的一个城镇。阿姆斯壮认为这些说法存疑，因为 Eunapius 知道的信息，波菲利也一定能知道。普罗提诺的出生地是一个重要的问题，因为 28 岁时普罗提诺才来到亚历山大里亚，之前受过何种教育，接受什么思想，我们一无所知。只是在《生平》中有介绍：他与当时亚历山大里亚的名师都不对路，最终投在阿莫尼乌斯的门下，他说："这就是我要找的人。"可见，28 岁时的普罗提诺有着坚定的哲学见解。根据米尔恰·伊利亚德(Mircea Eliade)的《宗教思想史》(Histoire Des Croyances Et Des Idées Keligieuses)，我们可以清楚地发现埃及宗教思想对普罗提诺哲学思想的潜在影响，因此，我们只能简单地说普罗提诺生于埃及。如果是这样，根据普罗提诺的身份和经历，普罗提诺无疑是埃及宗教、希腊哲学、希腊神话的综合研究者，集多元的文化因素于一身，并用高度抽象的"太一——理智——灵魂"三本体哲学将其融合。
⑤〔英〕爱德华·吉本著，席代岳译：《罗马帝国衰亡史①》，长春：吉林出版集团有限责任公司，2008 年，第 155 页。

回到了安提阿(Antioch)。当阴谋篡夺戈尔狄安三世皇权的菲利普
(Philip)登基后,普罗提诺到了罗马,此时他已经 40 岁。此后,他在
罗马授课将近 25 年,先后接收了阿美利乌斯(Amelius)、波菲利等
学生。其思想还受到了皇帝伽利厄努斯(Gallienus)和皇后撒罗尼娜
(Salonina)的高度赞扬,普罗提诺希望借助于他们的友谊,在废弃的卡
姆帕尼亚(Campania)建设柏拉图城,按照柏拉图制定的法律生活,由
于弄臣嫉妒,最终无果。65 岁之时,他离开了罗马,来到卡姆帕尼亚,
居住在已故老友泽修斯(Zethus)的房子里,此时他已经疾病缠身①。
翌年,普罗提诺去世,享年 66 岁。

　　从普罗提诺的生平来看,他的经历可以分为两个时期:一是求学
时期(232—243);二是教学时期(244—269)。求学时期的普罗提诺跟
随阿莫尼乌斯所学的内容,不得而知,因为普罗提诺和他的学友们都遵
守一个约定,对所学的内容不透漏半句,"普罗提诺对阿莫尼乌斯的理
论始终保持缄默"②,但是其所学内容作为教学时期的重要参考,对普
罗提诺思想的发展和完善起到了非常重要的作用。教学时期的普罗提
诺来到了罗马,在教学之余全身心专注于理智③上的沉思,是一位践行

---

① 《生平》中记载普罗提诺遭受一种胃肠疾病的困扰,需灌肠治疗,但普罗提诺认为
　老年人不应该遭受这种罪,他也拒绝吃任何兽类的药品,最后他手脚开始溃烂,
　视力模糊,听力丧失,在卡姆帕尼亚去世。A. H. 阿姆斯庄在脚注中解释,普罗提
　诺所描述的疾病为象皮肿疾病(Elephantiasis Graecorum),为一种麻风病。
② 〔古罗马〕普罗提诺著,石敏敏译:《九章集》,北京:中国社会科学出版社,2009
　年,第 4 页。
③ Noῦς,英译为 Intellect,Intellect-principle,Mind,Spirit 等。中译为努斯、心灵、
　心智、理智等。本文采用石敏敏教授的译法:理智。普罗提诺所处的时代虽然
　是各种神秘主义思想聚集的时代,但是依据 A. H. 阿姆斯庄的译本,普罗提诺的
　哲学并没有陷入宗教神秘论之中,而是一种人之可灭与天之永恒之间的对照,对
　天人同源,天之高于人,人向天之回归以达至永恒的探索,对普罗提诺来说,此乃人
　生天地间的重要使命,因此,本文采用"理智"的译法,但 Noῦς 是一个高度综合性
　的词汇,它是集英文所有翻译于一身的,因此,也不能简单将其仅仅理解为理智。

哲学的人。他对几何学、算术、机械、光学和音乐都有全面的了解①，还专门研究过占星术，不过当他得知占星术的研究方法并不可靠时，就专门写论文抨击自己之前的论述②。他对毕达哥拉斯学派、柏拉图学派、斯多亚学派和逍遥学派的哲学思想都进行了深入的研究，尤其是柏拉图的《巴门尼德篇》《会饮篇》《费德罗篇》《斐多篇》《智者篇》《蒂迈欧篇》《法律篇》《理想国》，以及亚里士多德的《形而上学》《范畴篇》《论灵魂》。普罗提诺无时无刻不专注于理智上的沉思，直到生命的最后③，他在理智沉思中找到了与古代先圣贤哲对话的途径。普罗提诺通过理智的沉思，穿越了时空的历史限制，达到了真正的"视域融合"，他的思想进入了"世界之所以如此"的神圣本原之中，并在神圣本原中发现了世界生成的真理。

　　当代世界著名的哲学家，法国普罗提诺研究专家皮埃尔·阿多（Pierre Hadot）称其思想方法为"灵修"④。正是畅游在精神的世界之中，普罗提诺的整个哲学逻辑以及看待现象世界的方式也发生了改变。当浸淫在理智沉思中的普罗提诺返还到现象世界之时，对现象界的幻象性批判就更加强烈，也更加确认了柏拉图"理念世界"的真实性，其对于本体界和现象界的区分也更加明显。伴随着年迈的普罗提诺肉体痛苦的加剧和精力的下降，对本体界永恒快乐的渴望愈发强烈，对现象世界及肉体恶的认识更加深入，以至于他临终前仍嘱咐："务必把我们里

---

① 〔古罗马〕普罗提诺著，石敏敏译：《九章集》，北京：中国社会科学出版社，2009年，第 16 页。
② 〔古罗马〕普罗提诺著，石敏敏译：《九章集》，北京：中国社会科学出版社，2009年，第 18 页。
③ 〔古罗马〕普罗提诺著，石敏敏译：《九章集》，北京：中国社会科学出版社，2009年，第 12 页。
④ Pierre Hadot，translated by Michael Chase，*Philosophy as a way of life*，Blackwell Publishers，1995，p.99.

面的神带回到大全里面的神中！"①普罗提诺就是这样一位生活在理智世界的人，但他不仅仅专注于理智世界的沉思，还帮助世界上需要帮助的人摆脱痛苦的羁绊，教人如何过美好的生活，很多达官贵人会在临死前将他们的孩子，连同他们的财产一起托付给普罗提诺照看②，因为他们认为普罗提诺是一位"像神一样"的人。普罗提诺也有建设美好城邦的愿望，但现实的残酷，以及人与人之间的嫉妒和仇恨，使他的美好愿望只能诉诸理智的沉思。

普罗提诺生前并没有出版著作。波菲利在《生平》的24—26节中记载：普罗提诺生前委托他来完成书籍的编撰工作，他效仿了雅典的阿波罗多鲁(Apollodorus)和逍遥学派安德罗尼柯(Andronicus)的编撰方法，将普罗提诺的写作顺序打乱，把相同的主题放在一起，并用他最喜爱的数字6和9，用6卷每卷9章的方式编成《九章集》。波菲利从简单到困难的方式将文章排列：第一卷主要是关于道德的文章，是伦理的主题；第二卷是关于自然哲学，是物理宇宙的主题。第三卷仍是关于物理宇宙的思考。波菲利将这三卷作为一册。第四卷是关于灵魂的主题，第五卷是关于理智的主题，波菲利将这两卷作为一册。第六卷单独作为一册，是剩下的文章。波菲利用"3册，6卷，9章"的方式完美地编撰了《九章集》③。公元300年左

① 〔古罗马〕普罗提诺著，石敏敏译：九章集[M].北京：中国社会科学出版社，2009年，第3页。关于这句话的古希腊语语法问题的现代解读有一篇专门的研究文章，并将其与苏格拉底之死做了比较分析，具体参见：Glenn W. Most. Plotinus' Last Words，*The Classical Quarterly*，*New Series*，Vol. 53，No. 2（Nov.，2003），pp.576 – 587.

② 〔古罗马〕普罗提诺著，石敏敏译：《九章集》，北京：中国社会科学出版社，2009年，第12页。

③ 《九章集》的编撰是一件"精致"的工作，使得《九章集》美轮美奂，从内到外散发着神性的光辉。第一册3卷，第二册2卷，第三册1卷，这样一种"颠倒"之中，我们能发现其与普罗提诺内在思想的契合性，形成了"金字塔式"的结构。无论是哈佛大学出版社出版的 *Enneads*，还是中国社会科学出版社出版的《九章集》，都没有呈现波菲利精致的编撰构思。

右,《九章集》正式出版,并附上一篇波菲利撰写的简介《普罗提诺生平及其著作顺序》,普罗提诺的思想才能流传至今,使现代人能够看到古罗马晚期古希腊思想的蜕变和最后的光辉,以及古希腊神话和哲学在古罗马晚期与东方神秘主义的碰撞,如何通过新柏拉图主义者们影响了奥古斯丁并入了基督教神学思想之中,成为中世纪神学思想中不可或缺的一页。

第2节　波菲利对普罗提诺的评价

普罗提诺的思想评价是一项历史性的任务,不同的时代形成不同的见解,是普罗提诺思想研究的重要参考。奥古斯丁(Saint Aurelius Augustinus)和费奇诺(Marsilio Ficino)认为普罗提诺与柏拉图呼吸着相同的精神[1]。阿姆斯庄(A. H. Armstrong)认为普罗提诺致力于“柏拉图哲学体系”的研究[2]。关于普罗提诺思想最原始的评价集中在《生平》之中,因此,本节系统梳理了《生平》中普罗提诺其人及其思想。

首先,波菲利对普罗提诺其人的描述及评价。第一,《生平》开篇即说:“普罗提诺是我们时代的哲学家。”第二,普罗提诺是一位生活在精神世界中的人。《生平》的第1节记载,阿美利乌斯请求允许画师为普罗提诺画像,他说:“自然赋予我们的形体还不够吗? 为什么你还让我停留在形象的形象之中呢? 它真的那么值得一看吗?”[3]第8节说他写作的时候,在心灵中安排好了秩序,就像抄书一样,即使有人跟他谈话,

---

[1] Henri D. Saffrey, Florence, 1492: the Reappearance of Plotinus, *Renaissance Quarterly*, Vol. 49, No. 3(Autumn, 1996), pp.495.

[2] A.H. Armstrong, *Plotinus*, Collier Books, 1962, p.19 - 20.

[3] Plotinus, Ennead Ⅰ, p3.

也不会打乱他的思考；他吃很少的食物，有时只有一片面包。第 10 节记载波菲利询问灵魂和肉体的关系问题，普罗提诺与他连续讨论了三天。第三，普罗提诺是一位拥有神奇力量的人。《生平》第 10 节记载一位短期跟随普罗提诺学哲学的学生奥林皮乌斯（Olympius）与普罗提诺斗法①；还记载普罗提诺在伊西斯②（Isis）神庙"召灵仪式"上显圣。第四，普罗提诺是一位能够洞察人性的人。《生平》第 11 节记载了房客卡俄尼（Chione）的项链被偷，普罗提诺招来了所有的奴仆，盯着某人的眼睛，说"这就是那小偷"，开始小偷还不承认，最后在鞭打下终于承认，并归还了项链。第 11 节还记载，普罗提诺认为波勒蒙（Polemon）多情而短命，结果就是如此。普罗提诺注意到波菲利具有自杀的倾向，并说他的自杀不是出于理性的思考，而是胆汁的作用，建议他去休假。第五，普罗提诺是一位德性高尚的人，他从不屈服肉体的欲望。《生平》第 15 节记载，一次会议上，修辞学家迪奥芬尼（Diophanes）认为：为了学习德性，学生可以屈服于导师的肉体需求，普罗提诺对此非常生气，准备起身离会，但最后克制了自己，并嘱咐波菲利写一篇文章反驳这个观点。波菲利写好并宣读，普罗提诺说："致命的一击，（这篇文章）给人类带来了光明。"第六，普罗提诺是一个致力于柏拉图思想研究的人。《生平》第 2 节记载，普罗提诺会在柏拉图和苏格拉底的生日那天举行祭祀，并款待朋友，这个传统被新柏拉图主义者们继承；第 16 节记载，当时的基督徒和宗派主义者都抛弃了古老的哲学，他们经常宣称"柏拉图的哲学

---

① Philip Merlan, Plotinus and Magic, *Isis*, Vol. 44, No. 4（Dec., 1953），pp.341-348.
② "伊西司在希腊语中是叫作戴美特尔。"参见：希罗多德著，王以铸译：《历史（上）》，北京：商务印书馆，2010 年，第 136 页。注：戴美特尔即德墨忒尔，古希腊神话中的谷物女神。

没有进入到理智实在的深度,普罗提诺经常在讲座中攻击他们"①,这一段经常被学者拿来说普罗提诺反对基督教。普罗提诺反对基督教是因为基督教抛弃了古老哲学,并质疑柏拉图的深度;另一方面,普罗提诺生活的时代,政府对基督教的迫害空前严重,普罗提诺与官员的关系又很好。我们看到,在普罗提诺之后,基督教人士借鉴了普罗提诺的思想,用以阐释"善—恶"二元论的问题,普罗提诺的思想对基督教的解释和传播影响很大。从现存的文献来看,波菲利是坚定的反基督者。第七,普罗提诺始终与统治者保持和平的关系。《生平》的第 9 节记载,普罗提诺在罗马居住了 26 年,与很多人有过激烈的争论,但从来没有与官员为敌。以上就是波菲利在《生平》中描绘的普罗提诺的神圣形象。

其次,波菲利对普罗提诺文章的分类。在《生平》的第 6 节,波菲利根据普罗提诺文章的写作时期的身体状况,分为三个时期:早期、全盛时期、患病期。他认为:早期的 21 篇文章显示他的能力欠佳,没有达到全盛时期的高度;中期产生的 24 篇论文(除了短篇)是他最高的水平的体现;最后时期的 9 篇文章体现了他思考的衰落,后 4 篇比前 5 篇更为明显。阿姆斯庄认为这种分类并没有正确表达普罗提诺的思想,这种分类方式与呈现在我们面前的《九章集》出入较大,因此,我们研究的普罗提诺思想是经过波菲利改编的普罗提诺思想。整个《九章集》可分"三级编码":第一,普罗提诺在不同的时期,不同的环境下撰写的一篇篇文章,这些文章与普罗提诺所处的具体境遇有关系,包括普罗提诺的思想、所持的见解和所反对的观点。但是,据目前的文献记载来说,这种境遇"脱落"了,只有个别篇章的写作境遇在《生平》中得以呈现。第二,波菲利按照普罗提诺身体状况所形成的文章分类,我们可以在《生

---

① Plotinus, Ennead Ⅰ, p.45.

平》中找到对应的文章标题，对《九章集》进行"写作时间和身体状态之间关系"的还原。第三，波菲利根据主题所形成的《九章集》，也就是目前呈现出的版式。在阿姆斯庄翻译的《九章集》版本中，文章之前附着一些评论性摘要，他认为波菲利对某些相同的主题文章进行了拆分，以符合6卷9章的目的①。本书所持见解为：抛弃一切时间、境遇、身体状况及文章的拆分问题，以文章表现的"问题探讨路径"为主线进行研究，针对文中出现的具体问题，找到相互关联的问题域，建构普罗提诺的美善哲学体系。

再次，同时代其他学者对普罗提诺思想的评价。在《生平》的第17节记载，一些希腊人开始宣传普罗提诺的思想抄袭了努美尼俄斯（Numenius）的思想。关于抄袭事件的传言，是斯多葛和柏拉图主义者特里丰（Trypho）告诉阿美利乌斯，阿美利乌斯写了一篇名为《论普罗提诺和纳美尼乌斯原理的不同》（*On the Difference Between the Doctrines of Plotinus and Numenius*）的书籍②。之后，波菲利在《生平》中插入了两封信和一个前言，阐释当时的状况。一封信是阿美利乌斯写给波菲利的，在第17节；另一封信是朗吉努斯（Longinus）写给波菲利的，在第19节；一个前言是朗吉努斯的书《论终点：朗吉努斯回应普罗提诺和阿美利乌斯》（*On the End: By longinus in Answer to Plotinus and Gentilianus Amelius*）的序言，在第20节。第一封信主要是对抄袭之说的愤慨，阿美利乌斯用三天的时间写了一本名为《论普罗提诺和纳美尼乌斯原理的不同》的书籍，让波菲利看一看书籍是否正确地理解了普罗

---

① A.H. Armstong, *Plotinus*, Collier Books，1962，p.15.
② 阿姆斯庄在注释中认为：据我们所知，努美尼俄斯的体系和普罗提诺的体系有些相似性，主要是三个神本体，至善、心灵和第二心灵，并把宇宙看作是一个充满神性的存在，但不同在于普罗提诺构想的三本体以及它们彼此的关系。

提诺的思想，因为阿美利乌斯很久没有接受普罗提诺的教导。信的大致内容就是要反抗那些油嘴滑舌之徒对导师辛苦思考的玷污。第二封信是朗吉努斯邀请波菲利去他那里做客，并要求他带着普罗提诺手稿的原本，因为他手头的稿件充满讹误，为了编撰普罗提诺的书籍，他自己的抄写员都不够用了，尤其是《论灵魂》(On the Soul)和《论是》(On Being)讹误最多，可见，普罗提诺的思想引起了当时批评家的极大兴趣。一个前言是朗吉努斯对同时代思想家的评价，波菲利在《生平》的20 节开篇说："朗吉努斯是公认的我们这个时代的批评家，对同时代的各家思想都有激烈的批评"[①]。关于普罗提诺的思想，他开始的时候受到那些愚蠢的人的影响，对普罗提诺持贬低的态度，朗吉努斯也批评波菲利说："我也在别的地方表达了我的观点，例如我回答了盖提亚努斯(Gentilianus)柏拉图论公正的问题，我也考察了普罗提诺的《论理念》。因为我的朋友，还有一些其他的人，推罗(Tyre)的巴西利乌斯(Basileus，波菲利的本名)，以普罗提诺的方式撰写很多论文，试图去证明普罗提诺关于理念的想法好于我支持的，我彻底地表明他思想的转变是一个错误。"[②]波菲利在第 21 节回应他，说："如果朗吉努斯能够在写作之前跟我对话，就会更加准确的理解普罗提诺的原理，就不会这样说了。"[③]朗吉努斯对普罗提诺的评价为："普罗提诺，在阐释毕达哥拉斯和柏拉图的原理上比他之前的任何人都清晰。在相同的主题上，努美尼俄斯(Numenius)、克洛尼乌斯(Cronius)、莫得拉图斯(Moderatus)和色拉绪罗斯(Thrasyllus)的著作没能达到普罗提诺的精

---

① Plotinus，Ennead Ⅰ，p.55.
② Plotinus，Ennead Ⅰ，p.61.
③ Plotinus，Ennead Ⅰ，p.65.

确性。"①在第 21 节,波菲利也引用了朗吉努斯的评价:普罗提诺和阿美利乌斯在一些问题的处理上是杰出的,是一种原创性思想,不是对努美尼俄斯的抄袭。

从阿美利乌斯、波菲利和朗吉努斯的观点来看,普罗提诺的思想是一种原创性的思想,虽然在体系上与努美尼俄斯相近,但在处理具体问题,以及精确性上是不同的。阿美利乌斯是普罗提诺的大弟子,维护师父的名誉,责无旁贷。但朗吉努斯是一个客观的评论家,他评价了很多思想家,并对普罗提诺的思想一度轻视,面对"抄袭问题",他公正地指出了普罗提诺思想的原创性。波菲利的引用从主观和客观的角度,展现了同时代的人对普罗提诺思想的评价。

第四,对普罗提诺灵魂的赞美。《生平》的第 22、23 节是非常奇特的两节,本书偏向于把这两节理解为波菲利对普罗提诺的赞美词,更像是一篇祭文。开头用一种"比兴"的手法,引用了神话、赫西俄德(Hesiod)的诗歌以及阿波罗对苏格拉底的赞颂,引申出普罗提诺高贵的灵魂。这段赞美词,大致说普罗提诺已经穿越了作为坟墓的肉体的波涛汹涌的大海,走向了纯洁的灵魂的世界,进入了永生的天堂,与毕达哥拉斯、柏拉图一起沐浴在永恒神圣的光辉之中,享受着永恒的神的福祉。

综上,波菲利对普罗提诺的评价,从人格到思想再到灵魂,从其作品的编辑到出版,再到其思想的价值和影响,进行了多方位的介绍,为我们展示了一位具有高尚德性,灵魂完美的圣人普罗提诺。普罗提诺的思想值得我们当代人好好地研究,因为其思想为我们世间生活形态提供了一种神圣性的思考,当这种神圣性作用于现实世界时,一个美好

---

① Plotinus,Ennead Ⅰ,p.63.

的世间生活才能够诞生,人要在人性中认识到神圣的价值和意义。在普罗提诺的世界里,这个神圣性承载着古希腊到古罗马的历史性智慧和超历史性的精神。

第 3 节　国外普罗提诺思想研究

西方学界对柏拉图思想的研究有着漫长而悠久的历史,是西方社会发展和思想演进的原始力量,西方学者也在不断地回溯柏拉图的思想并从中找到精神的家园和栖息的乐土。普罗提诺的哲学思想能够延续至今,并被当代学者广泛而深入的研究,与西方学界对柏拉图思想的阐释传统密不可分。

根据历史时间的演进,国外对普罗提诺的研究可以分为三个时期:第一个时期是普罗提诺的弟子对其思想的继承和发展,被后世学者称为"新柏拉图主义学派"的时期;第二个时期是 1492 年费奇诺用拉丁语翻译了完整的《九章集》,使普罗提诺从历史文本中的一个名字,变成了一个拥有完整著作的哲学家的时期①;第三个时期是 20 世纪 50 年代后,普罗提诺手稿被重新发现、校订及翻译,并在法语、英语、德语学界形成普罗提诺研究的高峰时期②。当然,这三个时期的研究资料在目

---

① Henri D. Saffrey, Florence, 1492: The Reappearance of Plotinus, *Renaissance Quarterly*, Vol. 49, No. 3 (Autumn, 1996), pp.488 - 508.

② 普罗提诺《九章集》的校订、翻译和研究是一项历史悠久的工作。自公元 300 年左右,其学生波菲利以《九章集》为名出版了普罗提诺作品以来,普罗提诺就成为历史典籍中的一位重要的思想家,其学生以及后来的学者杨布利柯(Iamblichus, 245—325)、普洛克罗(Proclus, 412—485)将其思想发扬光大,并影响了圣奥古斯丁,具体的材料可以参见:Stanford Encyclopedia of Philosophy 以及石敏敏教授的博士论文《普罗提诺的哲学和古代晚期基督教的人论》。直到 1492 年,费奇诺将普罗提诺著作翻译成拉丁文,其后拉丁文和古希腊文合一的版本发行数百年,对普罗提诺哲学思想研究起到了重要的作用。《九章集》第一个英(转下页)

前的研究视域中同时并存,从而形成了普罗提诺研究的"多重视域"以
"历史叠加"的方式呈现在研究者面前,因此,回归到普罗提诺原始文本
的研究就显得极其重要。在回归文本的同时将普罗提诺的思想纳入西
方哲学史探讨的问题域之中,形成切实有效的哲学问题,将古代哲学纳
入当下的现实之中,实现传统与当下的沟通,这是西方普罗提诺研究的
重要方法。以此为根基,西方普罗提诺哲学思想研究主要形成了以下
三种研究路径:

第一,以文本为中心的研究模式。文本研究,是西方古典学者普遍
采用的一种研究模式,也是被学界认可的有效途径。古典学的文本研
究通常需要掌握两种或两种以上的语言,并通过对文本的考释、校订,
形成自己的一套研究思路和研究方法。对普罗提诺哲学研究来说这种
方法尤为重要,因为普罗提诺的视力不好,他从来不对自己的文章进行
二次检查,他的希腊文拼写也并不十分符合当时以及传统的希腊语拼
写规则,这给阅读者和翻译者造成了很大的困难,阿姆斯庄在其翻译古
希腊文译本方面也感到了这种压力①,当然,这也给研究者形成自己的
研究模式提供了重要阐释维度,因此,以文本为中心的阐释模式是西方
普罗提诺哲学研究的主要方法之一,也是难度最大的研究方法,代表性

(接上页)译本是 18 世纪晚期托马斯·泰勒(Thomas Taylor)的翻译本。直到 1950
年代,P.亨利(P. Henry)和施维译(H.R. Schwyzer)校订的古希腊文文本逐渐的
问世,完整而精确的古希腊文《九章集》才被纳入现代哲学研究者的视野,《九章
集》英文本也不断地问世,其中,有两个版本被学者们普遍关注:一个是斯蒂
芬·麦肯纳和佩奇(Stephen MacKenna and B. S. Page)翻译的《九章集》,于
1926—1930 年出版;另一个是由阿姆斯庄翻译洛布(Loeb)古典丛书版的《九章
集》,从 1966—1988 年历时 22 年,另外,一些博士论文的研究也为普罗提诺哲学
的翻译和研究提供了重要的参考价值。法语学界由皮埃尔·阿多主持翻译《九
章集》并进行了普罗提诺哲学思想研究,影响深远。德语学界研究者哈德尔(R.
Harder)翻译的《九章集》具有重要的价值。
① Plotinus, Ennead Ⅰ, p.24.

的论文及著作包括：① 詹姆斯·威尔伯丁（James Wilberding）的《普罗提诺的宇宙论》（*Plotinus' Cosmology: A Study of Ennead* Ⅱ.1(40)）；② K.麦克格罗特（Kieran McGroarty）的《普罗提诺论幸福》（*Plotinus on Eudaimonia*）。

第二，以影响为中心的研究模式。影响研究主要集中于普罗提诺在哲学史中的思想辐射范围，包括普罗提诺与柏拉图关系研究、普罗提诺与亚里士多德关系研究、普罗提诺与斯多亚学派关系研究、普罗提诺与诺斯替主义的关系研究、普罗提诺与奥古斯丁关系研究、普罗提诺与基督教的关系研究，以及普罗提诺思想中的神秘主义（Mysticism）与古希腊哲学传统之间的关系研究等，这些研究将普罗提诺的哲学思想放在了西方哲学传统之中，使得普罗提诺研究成为一个中心，形成"新柏拉图主义"问题。关于影响研究的论文也是西方普罗提诺哲学研究的焦点，也是博士论文选题的主要方向，大致包括：① 安德里亚斯·格瑞瑟（Andreas Graeser）的《普罗提诺和斯多葛》（*Plotinus and Stoics*）；② 马克·J.尼夫尔特（Mark J. Nyvlt）的《亚里士多德与普罗提诺论理智的单一性》（*Aristotle and Plotinus on the Simplicity of Nous*）；③ 西莫斯·J.奥尼尔（Seamus J. O'Neill）的《对柏拉图沉思的恢复：奥古斯丁对柏拉图主义者的批评》（*Towards a Restoration of Plato's Doctrine of Mediation: Platonizing Augustine's Criticism of "the Platonists"*）；④ 萨拉·马格林（Sara Magrin）的《普罗提诺的认识论与其对〈泰阿泰德篇〉的解读》（*Plotinus' epistemology and his reading of the Theaetetus*）；⑤ 亚历山大·J.马祖尔（Alexander J. Mazur）的《普罗提诺的神秘主义：柏拉图化的诺斯替》（*The Platonizing sethian Gnostic Background of plotinus' mysticism*）。

第三，以当代哲学问题为中心的综合式研究。这类研究在目前的西方普罗提诺哲学研究中还处于发展之中,因为这类研究脱离了普罗提诺哲学产生的历史语境,将普罗提诺哲学放在某个问题的视角上来研究,形成普罗提诺哲学思想与现象学、语言学、存在主义、阐释学、结构主义、女性主义、后现代主义在某个问题上的对比研究,容易被称为非历史主义或非实证主义的方法,但这类研究的重要价值在于提供了一种变化的视角,为西方当代哲学的发展提供了古典支持,并非只是强调普罗提诺哲学的历史和文本意义,还要强调普罗提诺哲学的当代价值,可以说这是研究普罗提诺哲学思想的最高要求,也体现普罗提诺做哲学研究的方法:《九章集》对柏拉图思想的阐释融入了普罗提诺的时代发展之中,这类研究的代表性论文包括:① 吉娜·扎沃塔(Gina Zavota)的《时间:普罗提诺的时间形而上学作为一种现象学》(*The Topos of Time: Plotinus' Metaphysics of Time as a Phenomenology*);② 丹尼·穆尼奥斯-哈钦森(Danny Munoz-Hutchinson)的《普罗提诺论意识:多层的探讨》(*Plotinus on Consciousness: A Multi-layered Approach*)。

以上三种研究方法代表了西方学界普罗提诺哲学研究的总体面貌,从忠实于《九章集》文本的考证研究,到《九章集》思想的源流研究,再到《九章集》哲学思想的当代意义研究,西方的普罗提诺哲学研究形成了良好的互动和交流的平台,形成了历史和现在的沟通和融合。一些具体问题,如:太一、理智、灵魂、质料、形式、德性、幸福、身体、情感、是、爱、美、善等问题的深入研究为当代人如何认识世界,以及如何过美好的世间生活提供了启示和借鉴。

第 4 节　国内普罗提诺思想研究

与西方学界的普罗提诺思想研究相比,国内对普罗提诺思想的研究方兴未艾。从普罗提诺思想的传入和研究的历史来看，可以将普罗提诺思想研究分为两个时期：第一个时期（1963—2004）普罗提诺美学思想的研究，以朱光潜先生《西方美学史》为根基对普罗提诺思想的研究和翻译工作为代表；第二个时期（2004— ）普罗提诺哲学问题以及文化史和思想史价值的研究，以张映伟和石敏敏博士论文的研究为代表。从普罗提诺《九章集》的翻译状况来看，主要是节译，直到 2009 年，石敏敏才把《九章集》全部译出，为国内研究"全貌的普罗提诺"提供了基础。

第一个时期的研究及翻译。20 世纪 60 年代，朱光潜先生的《西方美学史》让普罗提诺的思想以"三本体论"和"美论"的方式进入了中国学者的视野，开启了"普罗提诺三本体论和美论思想"的研究。中国学界对《九章集》的翻译和研究也围绕着"三本体论"和"美论"来展开，包括：朱光潜先生翻译的《论美》（《九章集》一卷六章）；1981 年，北京大学哲学系外国哲学史教研室编译的《西方哲学史原著选读》，对《九章集》进行了节译，注重于"太一流溢论"和"灵魂回归论"的翻译。1987 年，缪朗山先生翻译的《论美》和《论理性美》①（分别为《九章集》一卷六章和五卷八章）。1989 年，苗力田先生主编的《希腊哲学史》翻译了《论辩证法》《三个原初实质》《"一"以后的存在物的起源和顺序》《第二实质如何从"一"产生兼论"一"》（分别为《九章集》的一卷三章，五卷一章、二章、四章），对普罗提诺思想中的"太一"的问题进行了全面的翻译。从翻译的过程来看，对普罗提诺思想的阐释仍在朱光潜先生的《西方美学史》对普罗提诺思想的讨论的框架之内，只不过是对个别的问题进行了深入的翻译。可以说，这个时期对普罗提诺著作的翻译和研究奠定了

---

① 缪朗山译，章安祺编订：《西方美学经典选译（古代卷）》，北京：中国人民大学出版社，2007 年，第 195—215 页。

中国学界对普罗提诺"三本体"及"美论"思想的研究基础。

第二个时期的研究及翻译：2004 年,石敏敏的《九章集》节译本《论自然、太一和凝思》由中国社会科学出版社出版。2005 年,张映伟的博士论文《普罗提诺论恶——〈九章集〉一卷八章解释》代表了国内对《九章集》研究的转向,其论文首次走出了对普罗提诺"三本体"和"美论"思想的阐释,集中于对《九章集》一卷八章中"恶"的问题进行研究。同年,寇爱林的博士论文《心向上帝的旅程——普罗提诺宗教学思想研究》在"三本体"的基础上进一步构建了普罗提诺的宗教学思想,以灵魂论为核心探讨了灵魂上升和灵魂下降等问题。同年,石敏敏的《普罗提诺的是的形而上学》出版,从"是的形而上学"角度对《九章集》中"形而上学"问题进行了深入研究。2006 年,石敏敏的博士论文《普罗提诺的哲学和古代晚期基督教的人论》代表了国内普罗提诺思想研究的又一次转折,把普罗提诺思想的研究纳入了西方文化和思想发展的进程之中。同年,刘玉鹏的博士论文《普罗提诺灵魂学说研究》在研读古希腊文的基础上对普罗提诺思想中的"灵魂"问题进行了深入地研究。赵怀俊的博士论文《走向神坛之路》从神性和人性的角度探讨了菲洛(Philo)和普罗提诺的文艺思想,并将其纳入古希腊向古罗马的文艺思潮转变的大传统之中。2009 年,石敏敏翻译的《九章集》全译本由中国社会科学出版社出版。2010 年,由汪子嵩等编写的《希腊哲学史》(第 4 卷)出版,本书普罗提诺一章详细地介绍了普罗提诺的"一元多层"的哲学体系,以及在当时的影响,是最为完善的普罗提诺思想介绍和研究。2017 年,应明和崔峰翻译的麦肯纳英译本的《九章集》由上海三联书店出版。第二个时期的这 5 篇博士论文及 2 本著作反映了普罗提诺哲学思想研究的多元化倾向,代表了目前国内普罗提诺哲学及文艺思想研究的现状。

另外,从中国知网收录的论文情况来看,对于普罗提诺思想的研究

主要集中于三个方面:

第一,普罗提诺的思想史和文化史价值的研究,具体的文章包括:① 范明生《柏拉图、新柏拉图主义和基督教、早期基督教神学——东西方文化的汇合》,该文认为:柏拉图和新柏拉图主义思想,构成了基督教神学的核心,把柏拉图和普罗提诺的思想从基督教思想中拆除之后,基督教的思想就会大打折扣。在西方思想史的范围内,范教授认为:普罗提诺的三本体是对散见在柏拉图著作中的思想的整合;② 陈村富《晚期希腊哲学的转向及特征》从晚期希腊哲学转化的角度解读了新柏拉图主义的诞生,认为新柏拉图主义思想是伴随着城市的扩张和中亚、埃及等东方思想的传入,普罗提诺的思想在东西方的相互碰撞中诞生,甚至普罗提诺的哲学受到了佛教思想的影响,陈教授提出了哲学思维方式从"是什么""因为什么"转向了"为了什么",从而在根本性的问题上由"求真"转向了"求善",哲学问题转向了信仰问题;③ 章雪富《希腊化哲学的问题和路径》认为:"希腊化哲学继承了古典希腊哲学的一贯精神,继续追求真理。然而与古典希腊哲学家尤其与柏拉图不同,希腊化哲学更着重于在个体自由中发现真理的关联,而不是孜孜于真理的根源和本体"[①],真理问题从普遍有效性转化成个人有效性,具有了神圣生命的特征;④ 章雪富等《普罗提诺的古典与奥古斯丁的现代》讲解了普罗提诺的时间观念,并认为:"奥古斯丁在《忏悔录》第11卷第14—31节,完全是在'剽窃'普罗提诺《九章集》的第3卷第7章"[②];⑤ 寇爱林《古希腊哲学与基督教神学之桥》将普罗提诺作为古希腊和基督教神学之间的桥梁。从西方哲学史的发展进程来看,普罗提诺所处的时代

---

① 章雪富著:《希腊化哲学问题和路径》,中国社会科学报,2010 年 5 月 4 日,第 006 版。
② 章雪富著:《普罗提诺的古典与奥古斯丁的现代》,《历史教学问题》2012 年第 2 期。

是由自然哲学、城邦哲学转向伦理哲学,由外在世界普遍规律的探索转向内在世界的生命安宁。在人口的融合,东西方思想交流的意义上,普罗提诺的思想具有世界主义的倾向,具有包容东西方的思想特征,美善和太一问题是普罗提诺哲学的精髓,也是晚期古罗马哲学的主要特征。

　　第二,《九章集》的理论问题研究,包括:① 包利民《大序善恶——普罗提诺哲学与古典价值》从"一元三层"的角度讲解了善恶的问题,提出了灵魂的四种存在状态:脱身之灵、入身之灵、陷于身者和等于身者,这四种存在状态存在着很多问题,这四种之灵魂是否取消了灵魂本身。因为在这篇文章中包先生并没有将灵魂放在宇宙、自然、人、动物和植物以及非生命物的结构之中,也就是说灵魂的结构并没有在这篇文章之中体现出来,并且他专注于人的研究,其实在普罗提诺的灵魂论中,宇宙灵魂与宇宙质料,都处于二元性之中,只不过普罗提诺认为宇宙灵魂主导着宇宙质料,世界整体是由灵魂推动的,灵魂处于"太一—理智—灵魂"结构之中。在《普罗提诺对柏拉图"奥秘"的解读》中,包利民先生进一步深化了普罗提诺的灵魂体系,认为:"我们说普罗提诺系统化了柏拉图,就是说他把柏拉图的体系安排成这样一个清晰的阶梯:太一(至善)—纯思(圣智)—普遍灵魂—世界(灵魂)—人(灵魂)—动物(灵魂)—植物(灵魂)—质料。"①从不可见到可见世界的体系性研究,但是这里仍存在一个节点,如何建构了不可见世界的太一、纯思和普遍灵魂,这不可见的世界是否以可见的为基础? 这体现为思想和现实之间的纠缠关系。② 汪建达《论普罗提诺的回归方法》强调了心智的重要作用,但关于 Noῦς 的问题我们不能仅仅将其翻译成心智,如果是心智,那么宇宙是否是心智的外化? 因为在普罗提诺的哲学中有两层体

---

① 包利民著:《普罗提诺对柏拉图"奥秘"的解读》,《浙江学刊》2003 年第 5 期。

系：一是作为整个世界生成的体系："太一——理智"；一是作为人的生成的体系："心灵—理性"，"心灵—理性"的体系在广大的"太一——理智"体系之中，人乃天地之心[①]。③ 章雪富《普罗提诺论 Being》是国内重要的一篇论述普罗提诺哲学中"是"的问题的文章，普罗提诺的 being 问题很复杂，普罗提诺的论述建基于柏拉图《智者篇》和亚里士多德《范畴篇》和《灵魂论》，如需彻底弄清楚普罗提诺的 being 问题，仍需对柏拉图和亚里士多德的著作进行深入研究；④ 刘云卿《论普罗提诺的"宇宙"观念》也在太一流溢的基础上来研究普罗提诺，但是对宇宙、天空、大地、自然、人并没有深入的研究；⑤ 王强《论普罗提诺的"太一"本体观念》，强调了太一本体作用，并将其与毕达哥拉斯和柏拉图进行了对比；⑥ 陈越骅《太一的多面相——论普罗提诺形而上学中的最高本原》讲解了"太一是什么？"的问题，其实他将太一的名称多元化，表述为：太一、至善、权能、第一本体。在普罗提诺的哲学中，普罗提诺明确说明太一不能言说，太一不能用"是什么"的思维方式来探讨，因为"是什么"最终造成不可通约性，太一是世界整体存在涌现的秘密；⑦ 张新樟《徘徊在泛神论与虚无主义之间——普罗提诺对诺斯替派的驳斥》将普罗提诺的哲学思想纳入了诺斯替主义的哲学大范围之中，这是一种大胆的观点，因为普罗提诺对早期基督教者对柏拉图思想解读是批判性的，学界的普遍观点是普罗提诺上承阿莫尼乌斯，为新柏拉图主义的代表；⑧ 李华《"一与多"思想的传承——普罗提诺与库萨关系片论》是一篇将普罗提诺思想带出普罗提诺时代的文章，具有重要意义。从对普罗提诺哲学的研究来看，国内普遍受到 Noῦς 问题翻译的影响，并没有建构起完整的普罗提诺哲学体系。

---

① Plotinus, Stephen Mackenna and B.S. Page, *The Six Enneads*, William Benton Publisher, 1952, p.88.

第三,普罗提诺与中国的先圣哲人的比较研究,陈绍燕《论庄子认识论的神秘主义性质——兼与普罗提诺哲学的比较》进行庄子思想与普罗提诺思想之间的对比,具有很重要的意义。庄子哲学的"安命→齐物→心斋→体道",超越六合之内,游于无极之境,从而获得大自由、大欢乐、大幸福①,与普罗提诺的灵魂与肉体分离,远离痛苦,远离身心智识,与宇宙生成之道保持为一具有可沟通性,这方面的研究对中西文化的沟通和比较有重要的意义。

综上,国内的普罗提诺思想研究呈现出不断上升的趋势,从最初的"三本体""美论""恶论"思想的研究到现在的灵魂、上帝、爱、理智、太一、天地、自然、质料问题的多元化探讨,形成了"国内普罗提诺思想研究",因此,对普罗提诺思想进行深入挖掘,对《九章集》所表现的理论问题进行概括和总结,具有重要的意义。但相比柏拉图主义和亚里士多德主义研究来说,普罗提诺哲学研究仍处于基础的阶段,普罗提诺的文本仍需要深入的解读,关于普罗提诺、波菲利、杨布利柯、普洛克罗思想的"完整的新柏拉图主义哲学史"研究,仍处于贫乏的状态,从而也没能建构起国内的"完整的新柏拉图主义"研究,这项研究的重要意义在于为柏拉图思想在中世纪的发展提供一种深刻的认识,从而超越"中世纪作为一种黑暗的时代"的误解,在教会、哲学、人权、法、自由意志、教权与王权的斗争等问题上,提供一种新的理解方式,从而深入地了解古罗马晚期和基督教时代古希腊哲学思想的发展。

第 5 节　本书的研究基础及创新

本书主要研究《九章集》中的"美善"和"太一"问题,从美学和伦理

---

① 韩林合著:《虚己以游世——庄子哲学研究》,北京:北京大学出版社,2006 年。

学的角度构建普罗提诺的哲学体系,将至善作为本体,把宇宙的生成和展演、人的生成与回归,做一种客观唯心论的分析和探讨。

第 1 章主要介绍普罗提诺的生平著作及国内外对普罗提诺哲学思想的研究,提出本文的研究基础、结构框架及研究内容。

第 2 章集中于普罗提诺哲学体系的探讨,从"太一、理智、灵魂三本体"出发,探讨灵魂下降和灵魂遗忘,以及现象世界生成的问题,因为灵魂既属于本体界,又生成现象界诸物。灵魂本身具有二重性:一方面,灵魂拥有纯一的本性,另一方面,灵魂又有活跃的欲求。灵魂二重性构成普罗提诺哲学中本体界和现象界的沟通,而灵魂之所以能够回归到本体界,主要是灵魂对辩证法、美善和太一的探寻和追求。

第 3 章集中于美的事物的展演与美本体之间关系的探讨,是对灵魂回归本体界一种途径的分析。美与美本体问题之所以能被探讨,在于灵魂不屈服于身体、城邦和宇宙的规则,要上升当灵魂的理智源头之中,因此,从美的事物抽象上升到美本体的世界,主要在于灵魂根据美的原则发现自己的纯一本性过程,形成美与欲望问题、美与城邦问题、美与宇宙问题、美与理智问题。本章最终反思了艺术问题,探讨艺术美与美本体的关系,艺术美如何表现美本体等。

第 4 章主要探讨诸善与至善之间的关系,对普罗提诺"至善"的伦理问题进行深入研究。"至善"为何能成为问题,被普罗提诺视为哲学的最高表现形式? 一方面,"善"的问题的形成是对"行动—结果"这对概念的反思,反思的结果总是处于一种对未来的行动的预测制约之中,形成了"应该怎样做"的行为准则,形成了习俗、规章、制度;另一方面,"善"的这种反思性形成的习俗、制度、规章反过来对处于变化的社会中的人形成制约、压抑、反人性的"伪善"。矛盾的两个方面就会出现,即一种善的原则却不能为"总体的善"和"永恒的善"负责,因此,对于"善"

的问题的反思应该超脱于对城邦和人的价值理念的设定,应该放在一
个至高的位置来思考,这就是世界本源的位置——至善。以"至善生成
世界"这样的原则来思考"行动—结果"问题,从而形成对自然界和人类
社会的有效反思,这样的反思不是确立了一劳永逸的原则,而是在凝思
至善的过程中,形成有效的诸善原则,形成了善的两种相像性:一是对
善人的模仿,成为"像……一样的人",形成善的有效行动;二是对至善
的追求,上升到世界本原的位置思考世界生成的原则,从而形成诸善与
至善之间关系的讨论。诸善的问题必须放到至善的高度,才能有效地
保障诸善的善性。最后落脚到"恶的问题",恶的问题是善的对立面,因
此,恶也有两个方面的问题:一是人类社会的恶,二是至恶。人类社会
的恶,是所有"恶"问题的源泉,在于人及人类社会未能充分认识到自己
的善性,受到一种源自消极力量的支配形成的错误的行动,在于人的认
识的有限性及世界生成力量的多元混杂性。因此,至恶的问题是一种
"陷入",陷入一种非"善的社会原则"能够制约的个人或集体的意志诉
求,以一种破坏、反抗和暴力的形式出现,是人及人类社会对至善原则
凝思不足造成的。人本可以陷入至善的怀抱之中,正是由于社会的"片
面的善的原则"才导致恶的产生,因此,对"至恶"问题的探讨必须放在
对"至善"的凝思不足中来探讨,个人是如此,家国亦是应该如此。因
此,至善是世界的本原,这种本原性认识必须是对"一"的认识,而不是
将"一"分裂为"多",即使分裂为"多"也必然处于凝视"一"之中,"一"即
"至善"。

　　第5章对美善的问题做一个哲学式的总结。因为美善问题在现象
界的有限性,以及一不小心就会陷入丑恶之中,因此,在凝思现象界之
时,必然会陷入无穷无尽的矛盾论和循环论之中,因此,要像俄狄浦斯
一样,放弃"肉眼的看",坚持"理智的看",用"理智的看"来反观宇宙、自

然、社会和生命,从而形成了灵魂上升论,使得灵魂脱离了肉体的束缚,上升到理智的世界。三种否定必然要形成:一否定生命的美善,二否定城邦的美善,三否定宇宙的美善。这三种否定是对有限性美善的超越,不是陷入"某一种美善原则"之中,最后肯定的是本原的美善。在本章中,还要解决一个问题,就是美善何为第一性的问题,这个问题在普罗提诺哲学中形成了太一流溢论,美善的问题都要追溯到"太一"之中,但在普罗提诺更强调"太一即至善",在"三本体——太一、理智、灵魂流溢"先后顺序的考察中,普罗提诺将美的本源追溯到理智,将善的本源追溯到太一。因此,至善具有第一性,但是美善同属于本体界,现象界的美善是本体界的投影,不是自足的,因此,要凝思本体界的美善。

第 6 章对本原问题"太一"进行研究。"太一"问题是普罗提诺哲学的支点,是辩证法的最高要求,整个宇宙都是在对"太一"的凝视中生成,"太一"是普罗提诺哲学的本原,也代表了整个希腊哲学的最高要求。关于"太一"的问题,希腊哲学史的演进有一个清晰的表达,从泰勒斯到巴门尼德到柏拉图、亚里士多德,再到普罗提诺形成了有效的沟通和统一。太一不但是美善的本源,更是现象界的本原,是"是"的本原,"是"只有凝思"太一"才能成为"是",成为"是"是在"太一"之中,因此,"太一生是"。这里面有一个问题,"太一"为何生"是"?"太一"为何不保持"太一"的本性,这是普罗提诺哲学的难点。"是"与"太一"之间是二元性的,还是一元性的?为何"是"需要"太一",而"太一"不需要"是"?这里面有一个小循环,"是"凝思"太一"成为"是",而不是分散成为多,一旦成为多就成为"非是",因此"太一生是";另一种解释为:"是"在"太一"之后,"太一"为什么生是?因为太一饱足,充盈,源源不断,它必然生成,一旦生成就必然生异,并且是低于本原性存在,"是"因此而形成。做一种相对性的分析,"太一"之所以饱足、充盈和源源不断,在于"是"的不足性,"太一"的完满性,"太一"是一个源源不断,持续出场的世界本原。因此,普罗提诺的哲学主要集中于美学和伦理学的探讨,并将伦理学放在了第一哲学的位置,从而将形而上学的问题转变成了善的生成和回归问题,实现了善对形而上学的关照,形成了上下流转的普罗提诺完美的哲学体系。

第7章对普罗提诺美善和"太一"问题展开反思,普罗提诺的哲学思想是伟大的,不但影响了中世纪基督教神学,而且余波远至黑格尔,他的思想代表了精神世界思考的圆满性。但是,其哲学问题与柏拉图相比缺少了肉体的人的维度和城邦的维度,将生命放在一种神秘主义哲学之中,将人的生命放在一个媒介的位置,尤其是对人的情感和欲望的否定,导向了中世纪基督教神学。其思想在神之中发现人的本质,不是为了更好地在世间生活,而是为抛弃世间生活提供一种可能的途径,然而这样的哲学问题以及人生问题的探讨模式却不能超脱城邦的价值设定和人的群体性生活,普罗提诺的哲学并没有把城邦作为一种"善"进行探讨。与柏拉图和亚里士多德对于人的生命和人的城邦的探讨具有一种人文主义的关怀来说,普罗提诺更关注人的本质,人的本质不在城邦之中,不在外在性的道德规范当中,而在于人对自己的本性的发现,这种发现却以抛弃人的情感和身体,抛弃城邦的价值设定,对美善和"太一"的追求。尼采(Friedrich Nietzsche)在《悲剧的诞生》(*The Birth of Tragedy*)和《权力意志》(*The Will to Power*)中强调了"太一"的虚幻性、虚假性,可以说,这样的思考方式是普罗提诺不能容忍的。在普罗提诺的哲学中,"太一"就是真理,虚假的是人的意志、情感、肉体、生命物,要回归永恒的"太一",这是人的使命。

综上,本书在国内现有研究("三本体""美论""灵魂论")的基础之上,对普罗提诺哲学体系的一次总体性探讨,形成对"三本体论"和"灵魂论"的丰富和发展,将其带入了"宇宙生成"与"本体回归"之中,将美和善作为重要的阐释维度,对灵魂的内容进行了深入研究,将灵魂问题分为灵魂的理智维度和灵魂的身体维度,本书将"是"、运动、静止、同、异、数等问题作为灵魂理智维度和理智界探讨的问题,将感知、尺寸、形状、色彩、声音、情感作为灵魂身体维度探讨的问题,将欲望、想象、意志、德性作为灵魂两个维度的重合性存在进行灵魂上升和灵魂下降问题的探讨,从灵魂的身体维度上升到灵魂的理智维度,再到理智界,形成了灵魂的回归论,美善和辩证法作为灵魂回归的动力,太一作为源源不断的推动者和领导者,本书强调普罗提诺哲学的伦理学和美学价值。

第 2 章

**本体论与生成论：普罗提诺
对世界的同一性解释**

普罗提诺的哲学异常复杂,他的思想难度不亚于任何一个当代哲学家,剑桥大学出版的《普罗提诺导读》中强调普罗提诺的哲学思想不能用体系性进行研究①,因为普罗提诺《九章集》是一篇篇文章集成,并没有一个严谨的逻辑体系,《九章集》编撰成体系是其学生波菲利的工作。但普罗提诺文章的撰写大约在他50岁之后,可以说其时思想比较成熟,对问题的研究有着固定的探讨模式,阿姆斯庄在《九章集》英译本翻译的序言中说:"他用非体系性呈现了一种体系性的哲学,《九章集》的任何一个读者都能意识到普罗提诺有一个完整的哲学体系。"②黑格尔在《哲学演讲录》中说:"叙述柏罗丁是很困难的,其困难绝不下于作一个有系统的发挥。整个来说,柏罗丁的办法经常是把每一个特殊论点都归结到完全普遍的论点上去。柏罗丁的精神总是不离开每一个个别的题材,有条理地、辩证地加以讨论,而将它归结到

① Lloyd P. Gerson, *The Cambridge Companion to Plotinus*, Cambridge University Press, 2006, p.1.
② Plotinus, Ennead Ⅰ, p.8.

唯一的理念上去。"①从阿姆斯庄、黑格尔的言论中,我们发现普罗提诺的哲学是有一个方法论体系的。深入到《九章集》之中,你会发现这个隐秘性的体系,这个体系不是亚里士多德传统的形而上学、修辞学、诗学、伦理学所谓的严密的概念体系,却和中国哲学中的"天人合一""大道无形"等思想有着内在的一致性。

可以说,普罗提诺借助柏拉图所确立的哲学观念,体验到一种神圣性的哲学思想。普罗提诺被称为"新柏拉图主义"②代表,本书拟从两个角度来理解:一是柏拉图思想的再阐释和体系化;二是柏拉图与东方神秘主义的碰撞所导致的神圣化倾向。"新柏拉图主义"是对柏拉图研究史的一种综合,这种综合抛弃了柏拉图哲学的城邦、正义、法的精髓,导入了时代性的神、宇宙、灵魂和身体的问题。本章主要通过太一(τοῦ ἑνός, The One)、理智(νοῦς, Intellect)、灵魂(ψυχή, soul)这三个关键概念,阐释普罗提诺隐秘的哲学体系,建立一种基本的宇宙论,在这个宇宙论的基础上,开展普罗提诺哲学思想的探讨与批判。

---

① 黑格尔著,贺麟、王太庆译:《哲学史讲演录(第三卷)》,北京:商务印书馆,2009年,第197页。

② 关于"新柏拉图主义"的研究,本身存在着历史性的演变。加蒂(Maria Luisa Gatti)的文章《普罗提诺:柏拉图传统与新柏拉图的建立》(*Plotinus: The Platonic Tradition and the foundation of Neoplatonism*)指出:在德国哲学中,新柏拉图主义经历了很多阶段,一开始他们的思想被贬低和驳斥,在现代也被当作是柏拉图的伪造者(falsifier)。他们的学派被称为"折中主义"(学派),此外,还被布鲁克(J. Brucker)说成亚历山大里亚阴间的低级住户。"新柏拉图主义"(Neoplatonism)在 1744 年被毕辛(A.F. Büshing)使用,不仅指折中的学派,也指"新的柏拉图主义者";1786 年,迈纳斯(C. Meiners)写了一部"新=柏拉图的哲学史",仍旧把它当成否定性存在;1793 年,G. G. Fülleborn 用了"Neoplatonic Philosophy"被称为"famous Neoplatonists",虽然仍旧是否定的方式。但关于"Neoplatonist"的不断使用,反映人们对了普罗提诺和他们后继者哲学思想的变化,不再被当成折中主义,而是被当作真正的柏拉图主义。参见:Lloyd P. Gerson, *The Cambridge Companion to Plotinus*, Cambridge University Press, 2006, p.23.

第 1 节 三本体：灵魂、理智和太一

普罗提诺并没有明确提出三本体的说法①，这个三本体是当时流行的版本中所加入的标题，主要目的是为了方便查找相应的篇章，但是在普罗提诺的《九章集》中有专门来谈论"三"②的问题。这个问题在"五卷"得到了专门的讨论，因此，"五卷"是普罗提诺哲学思想的核心，本节对五卷一章《论三个原初本体》的内容进行系统的梳理。

在五卷一章中，首先进入我们视野的是灵魂问题。从这章开始，普罗提诺说灵魂是本体界的存在，但是灵魂胆大妄为（τόλμα，audacity），想要拥有属于自己的存在，跑向了与高级世界相反的存在，越来越远，成为异己者。它就遗忘了自己属于高级世界的本性，它不羡慕它自己，反倒羡慕地上的事物，在地上的事物中获得存在，从而逃离了自己的本性，离自己越来越远，离本体界越来越远，形成了现象界的所有事物。当欢呼雀跃的灵魂进入了天空、大地、海洋、人的肉体时，天空、大地、海洋和人，就活跃了起来，我们的世界因此而变得生机勃勃。普罗提诺

---

① 关于这一点，国内有一篇重要的研究：陈越骅《普罗提诺有本体论吗？——兼论Hypostasis 的哲学含义》，文章引用了大量的文献，并梳理了"三本体论"的由来以及发展，与基督教的"三位一体"思想之间的关系，最终得出结论："他并没有打算构造一种本体论，他的本体论是运用太一、理智、灵魂三本原对柏拉图主义的理念世界和感觉世界的系统化阐释。"普罗提诺的本体论和生成论之间是同一性的关系，普罗提诺密切的关注现象世界人、动物和植物的生成秘密，认为它们生成于冥冥之中的某种力量，普罗提诺没有一种固定的本体论，他只是用灵魂、理智和太一作为一种进入生成之源的途径以及我们如何回归这种生成之源。本文称为回归所抵达的世界为：本体界。
② 在五卷一章的第 7、8 节，普罗提诺从希腊神话和柏拉图哲学的角度讲解了"三"，《神谱》中的"乌拉诺斯-克罗诺斯-宙斯"以及柏拉图哲学中的"三重性"（threefold）的问题。在中国哲学，《道德经》中也有"道生一，一生二，二生三，三生万物"的观念。

说:"在灵魂之前,这是一个死寂的世界,大地和水,质料和非存在处于黑暗中,就像诗人所言:'这是众神痛恨的世界。'"①在普罗提诺的思想里,灵魂是使得世界活跃起来的本原。与此同时,当灵魂进入低级存在,灵魂的本性就被蒙蔽了,灵魂也变得堕落,失去了纯一本性。如何使得灵魂回归高级世界之中呢?普罗提诺认为:"必须通过两种方法:一是展示一下灵魂引以为荣的事物多么低下;二是教导而使灵魂回忆起它的出身多么高贵,有价值,它是先于地上的事物,当灵魂被澄清了,它就能认清其他事物了。"②这里,普罗提诺试图将灵魂作为一个独立的和整体性的存在,超越物质世界。因此,根据普罗提诺,从灵魂的问题出发,我们发现了两个世界:一是本体界,灵魂真正存在的地方;二是现象界,灵魂胆大妄为,丢失了自己的本性而形成的世界,也是有生命的世界。在普罗提诺的哲学中,前一个世界可以看作柏拉图所说的理念世界,后一个是现象世界。柏拉图认为:现象世界模仿、分有理念世界,而没有说清楚是怎样模仿的和怎样分有。普罗提诺用了灵魂的胆大妄为和灵魂想要拥有属于自己的存在,说明了这个问题。

在柏拉图的《蒂迈欧篇》(*Timaeus*)中,蒂迈欧(Timaeus)认为:"造物主按照自己的意愿造就灵魂,就在灵魂中构造有形体的宇宙。"③"生成的宇宙是一个由神的旨意赋予灵魂和理智的生物"④,这为灵魂宇宙论提供了基础,普罗提诺在对柏拉图思想解读的基础上,提出了自己灵

① Plotinus, Ennead Ⅴ.1.1, p.17.
② Plotinus, Ennead Ⅴ.1.1, p.13.
③ 柏拉图著,王晓朝译:《柏拉图全集(第三卷)》,北京:人民出版社,2009 年,第287 页。
④ 柏拉图著,王晓朝译:《柏拉图全集(第三卷)》,北京:人民出版社,2009 年,第281 页。

魂创造宇宙的观点。本书认为：柏拉图所讲的灵魂创造世界就是普罗提诺所说的"灵魂胆大妄为，想拥有属于自己的存在"。虽然，他们同样认为灵魂创造了世界，但是柏拉图和普罗提诺的思想路径却是完全不同的。柏拉图虽然认为现象世界是理念世界的倒影，但是现象世界本身是值得研究的，柏拉图探讨论正义、城邦、德性、法等等一系列问题来针对现实生活，也就是治理我们的世界。普罗提诺灵魂创造理论，却采取了另一种方法：走向真正的高级世界，既然我们这个世界是灵魂胆大妄为创造的，它不是真正的存在，那么，这个世界就不值得追求，我们应该设法让灵魂回到理念世界，回归到灵魂应该在的地方，这是普罗提诺哲学思想的核心，也是普罗提诺一生践行的行为准则。

因此，从灵魂创造这个问题向前追溯，就形成了灵魂回归本体界的道路，普罗提诺提出了两种方法：一是让灵魂认清现实生活的恶以及可鄙；二是教导—回忆。虽然这两种方法对应着《菲利布篇》（Philebus）和《美诺篇》（Meno）的一些思想，但从这两个问题出发，从普罗提诺思想的实质出发，普罗提诺实际上取消了现象世界存在的美好性，我们这个世界是灵魂之后的世界，是不饱足的世界，是善恶相间的世界。灵魂创造了我们的世界，我们也分有了灵魂的本性，通过"教导—回忆"，我们才能具有通向本体界至善的能力，通过什么回忆，通过什么教导，这是一个至关重要的问题，这个问题直接与古希腊的思想传统结合在一起。

灵魂向上，遇见的是什么？这是一个非常棘手的问题，普罗提诺给出的答案是：理智。理智是什么？理智为何在灵魂之上呢？这些问题普罗提诺并没有给我们解释。

在《赫拉克利特著作残篇》（Fragment: A Text and Translation with A Commentary by T.M. Robinson）中有这样两句话："灵魂拥有

逻各斯（标准、比例），它自我提高。"①"灵魂的诸限界，你走着是不可能找到的，即使你走遍了每一条道路；它就具有这样深的逻各斯。"②从这两句话中，我们发现灵魂问题的深邃，如果现象世界的实存是由灵魂创造的，那灵魂问题的庞杂性是人的思维无法想象的，因为现象世界的实存是多种多样，并无时无刻不在生成，人在人的思维之中根本无法发现灵魂的诸界限，也无法发现整全世界的逻各斯。在《理想国》中，苏格拉底把人的灵魂分成较好的部分和较坏的部分③。在《尼各马可伦理学》中，亚里士多德将灵魂分为有逻各斯的和没有逻各斯的两个部分，将有逻各斯的部分又分成一部分思考其始因不变的那些事物，另一部分思考可变的事物，在这两个部分当中一个可称为知识的部分，另一个可称为推理的部分④。但这些论断似乎都集中在人的思维的基础上，并没有将灵魂放在宇宙的层面。据此判断，在古希腊的哲学传统之中，灵魂中的理性部分就被看作灵魂的重要组成，因此，普罗提诺采用了古希腊哲学的传统说法，但是他的理智思想又发展了赫拉克利特（Heraclitus）、柏拉图和亚里士多德关于灵魂的说法，因为他认为：

> 灵魂只不过是理智的一个像。⑤
> 灵魂的存在源于理智，灵魂就是属理智的，灵魂的智性在于论

---

① 〔古希腊〕赫拉克利特著，T.M.罗宾森、楚荷译：《赫拉克利特著作残篇》，桂林：广西师范大学出版社，2007 年，第 127 页。
② 〔美〕G.S.基尔克、J.E.拉文、M.斯科菲尔德著，聂敏里译：《前苏格拉底哲学家》，上海：华东师范大学出版社，2014 年，第 304 页。
③ 〔古希腊〕柏拉图著，郭斌和、张竹明译：《理想国》，北京：商务印书馆，第 150 页。
④ 〔古希腊〕亚里士多德，廖申白译注：《尼各马可伦理学》，北京：商务印书馆，2010 年，第 165—166 页。
⑤ Plotinus, Ennead V.1.3, p.19.

证理性，它的完美来源于理智。①

　　灵魂是一种表达，是理智的一种活动，就像理智是太一的活动。②

因此，在普罗提诺的哲学中，理智独立于灵魂，并在灵魂之上，灵魂之中的论证理性是灵魂处于困惑中产生的③，普罗提诺认为：

　　理智的子孙是理性的形式和持续的存在，它们论证性的思考问题：他在理智的周围运动，是理智的光和踪迹，并依赖于理智。一方面，灵魂与理智合一，填满理智，享受和分享它，并处于思之中；另一方面，灵魂也与他之后的存在接触，他自己产生的存在一定是比灵魂糟糕，关于这些我们以后再说，这就是神圣实在的延展。④

由此可知，灵魂来源于理智，但没有理智完美，灵魂具有论证性原理，这是灵魂的重要功能。普罗提诺认为："现实中灵魂的建构，来源于理智，在凝思理智的过程中，它的思想就变成了现实。"⑤当然，我们只有进入理智的世界，我们才能真正认清灵魂为何来源于理智，因为，理智在灵魂之前就存在。理智中包含了一切事物，而灵魂本身只有进入理智才能成为真正的存在，只有这样的灵魂才能创造世界，当我们真正探讨了理智的问题之后，我们才知道灵魂就是后来的，因为只有理智的

————————

① Plotinus, Ennead Ⅴ.1.3, p.21.
② Plotinus, Ennead Ⅴ.1.6, p.33.
③ Plotinus, Ennead Ⅳ.3.18, p.91.
④ Plotinus, Ennead Ⅴ.1.7, p.39.
⑤ Plotinus, Ennead Ⅴ.1.3, p.21.

存在才是真正的存在,才是我们的世界的本原。

经历了灵魂问题的论述,普罗提诺就进入了理智界的探讨,这个世界是纯粹的世界,理智是理智界的最好的部分①,它生成了理智界的所有存在。普罗提诺认为理智本身是二(dyad),理智自身与自身分化。在理智界之中,我们首先碰见思和是,普罗提诺认为:"理智通过思使是存在,是给予理智思,并成为思想而存在。"②"理智作为思,是作为思想。"③理智思考是,使它成为存在,是反过来提供思的对象,并成为思想。普罗提诺探讨了理智和理智中的诸种存在:是的问题不是现象界的实存问题;现象界的实存,是我们感官感知的结果。但我们在探讨灵魂问题的时候已经指出,这个存在是后来的,普罗提诺取消了现象界的存在。在理智界之中,理智界中的存在是真实的存在,理智界的"是"包含了现象界的所有存在的原理,因为现象界是后来的,他认为理智界中没有质料存在,即使有质料也是单一的,并且处于神圣实体之中,通体都是透明的。普罗提诺对理智界的探讨是基于柏拉图的《智者篇》(Sophist)和亚里士多德的《范畴篇》(The Categories),并将这两者结合在一起,形成了普罗提诺的范畴论。

在理智界中,普罗提诺探讨了是、静止、运动、同、异,以及灵魂中的形式、思、数、多等问题。理智界的探讨具有重要的价值,它在现实之前而存在,也就是我们常说的理论问题,但有一个问题:理智能否脱离现象而存在? 不能。因为理智生发现象,但理智在现象之前就存在,普罗提诺说:"永恒属于理智,时间属于灵魂。"④理智是一种结构性的永恒

① Plotinus, Ennead Ⅳ.2[1], p.21.
② Plotinus, Ennead Ⅴ.1.4, p.25.
③ Plotinus, Ennead Ⅴ.1.4, p.25.
④ Plotinus, Ennead Ⅳ.4.15, p.175.

存在，灵魂进入理智的结构性永恒存在中，才能产生现象界诸物。比如：种子和花之间的关系，种子在适当的条件下发芽、生长、开花，结成种子，也就是说作为植物的一切，都包含在种子中，有些饱满的种子，即使条件适合，它也不会马上发芽。在普罗提诺的哲学中，如果种子没有呈现为现象，那它处于永恒的理智之中，灵魂面向理智而存在，这里没有时间，只有理智和生成原理。因为时间是伴随着种子的苏醒而产生的，时间是种子发芽、生长、开花、结果和死亡的过程，因此，时间开始于灵魂想成为自己，灵魂的胆大妄为，这同样适用于宇宙、自然、人和动物的生成。

在《九章集》的三卷七章《论永恒与时间》(*On Eternity and Time*)中，普罗提诺认为："我们应该把永恒作为我们的起点，把时间作为它之后的存在，通过我们内在的时间意识来理解和表达时间。"[①]普罗提诺认为时间是一种运动，这种运动与灵魂想成为自己的过程保持一致，因此，灵魂形成天地的时候，就形成了我们的年、月、日等外在的时间观念。灵魂形成人本身，在宇宙演化的时间和空间之中，因此，人的出生和死亡的时间处于宇宙运行之中，这就是所谓的"天机"，将人的存在织入宇宙存在的运行规则之中，庄子哲学中的"以天合天"。在《神学与哲学》(*Theologie und Philosophie: Ihr Verhaltnis im lichte ihrer gemeinsamen geschichte*)中，潘能伯格(*Wolfhart Pannenberg*)对普罗提诺和康德的时间观念做了区分，认为普罗提诺将"灵魂超越时间的同一性以及由此而来的作为生命之整体的永恒被他视为时间的根据。但与普罗提诺不同，康德并不把这种功能归于世界灵魂，而是归于人的主体性，亦即经验的可能性的'先验'条件"。[②] 在这种区分中，时间作为

---

① Plotinus, Ennead Ⅲ.7.7, p.319.
② 〔德〕潘能伯格著，李秋零译：《神学与哲学》，北京：商务印书馆，2013 年，第 220 页。

一种以永恒为起点的客观存在转化为主体经验的可能性的"先验"条件,体现了康德"自我意识"哲学的主体性价值,与普罗提诺将宇宙作为一个生命体,作为一个从永恒理智的世界生成的存在是不同的。

普罗提诺的理智界是一个世界,是在现象世界之前的世界,是原理的世界,是永恒的世界。普罗提诺认为:"如果灵魂的理性有时区分对和善的问题,有时不区分,这一定是在我们之中,理智没有论证推理,理智总是拥有对。"①但理智界本身是多,多本身成为多,因为有一的存在,如果没有一,多的问题将会被取消,因为只有一存在,多才可能存在,产生了"一——多"问题的探讨,普罗提诺认为:"理智是一项安静的,不被打扰的运动,在理智之中包含万物,能成为万物,是一可分又不可分的多。"②理智界的"一——多"并非是现象界的"一和多"③。理智界的"一——多"处于整体性的结构中,它并不区分为整体和部分的关系,感知是在灵魂成为自己,具有身体和实体意义上产生的,必然被区分为有限性。在视域的范围之内,形成部分,具有前、后、左、右,一个会遮挡另一个,同样会形成近大远小。

理智界中的"一——多"并不是在先后的意义上,往往是相互交织。例如:形式与是是不同的,并各自为一,我们因此说它们是多,在理智界中存在,形成数,形成几何,形成结构,这个永恒的结构是万物生发的原理,在每一类内的生命存在中是完满的。但各自为一的"为一"存在

① Plotinus, Ennead Ⅴ.1.11, p.49.
② Plotinus, Ennead Ⅵ.9.5, p.319.
③ 关于"一","一——多"与"一和多"问题的论述,参见 Plotinus, Ennead Ⅴ.1.8, p43.
   另,参见 Plotinus, Ennead Ⅴ.3.10, p107.["当表述为'我是某某'(I am this),如果表述的'某某'不是'我'本身,这就意味着说谎。如果是讲它本身的附属物,应该说成:它是多,或者'是 是''我 我'('am am' or 'I I')。假设它是两样事物就说'我和某某'(I and this)。对于它来说,成为多是必要的:作为两种事物的多样,在多样中,数就呈现了,其他的事物也就产生了。"]

必然有一个"纯粹的一"，也就是超越理智界的存在，如果没有一个存在超越理智界，那么理智界为何能够存在呢？虽然，理智界是纯粹的世界，但是理智界的顶点理智本身是二，他与他自己相分离，他与他自己相分离的动力必然来源于理智之上的完美存在。因此，有一个超越理智的存在，这个超越性存在掌管着理智以及理智界，弥散在理智界的存在之中，但不是理智界的任何一种存在，为理智界提供源源不断的动力和能量，这就是——太一。

太一，在普罗提诺的哲学之中，什么也不是，甚至不能用语言来表述，我们强命名为"太一"。普罗提诺认为：

> '一'……，没有合适的名字，但是如果我们给它一个名字，'一'最适合在普通的意义上表达它，不是在一者，另一者的意义上。①

> 如果有人说单词 *einai* [being]——这个术语指称实体性存在——来源于单词 *hen* [one]，他就说出了真理。②

> 实体和是的存在，是太一的像，因为它来源于太一力量的流溢。③

> 太一是万物，但又不是任何一种：它是万物的原理，不是万物本身，万物有其他种超越性存在，但是它们在太一之中产生，或者它们还没有在那里，但是它们将会在那里。④

> 太一不是是，但是是的生产者。⑤

---

① Plotinus, Ennead Ⅵ.9.5, p.321.
② Plotinus, Ennead Ⅴ.5.5, p.171.
③ Plotinus, Ennead Ⅴ.5.5, p.171.
④ Plotinus, Ennead Ⅴ.2.1, p.59.
⑤ Plotinus, Ennead Ⅴ.2.1, p.59.

太一，完美，因为它什么也不寻找，什么也不拥有，什么也不需要，只是如其本性的流溢，它的涌溢产生了异于它本身的事物。①

普罗提诺关于太一的描述，与老子哲学中的"道"极为相似。老子《道德经》二十五章有云：

有物混成，先天地生，寂兮寥兮，独立而不改，周行而不殆，可以为天地母，吾不知其名，字之曰道，强为之名曰大。②

普罗提诺的"太一"与老子的"道"说的似乎是同一个实体，"道"不同于"逻各斯"，"逻各斯"应该是"理智界"的存在，是生成原理。因此，从普罗提诺的哲学出发，我们能够发现中西哲学的会通的可能。太一什么也不是？太一不是理智界的任何一种存在？太一生成理智界的所有存在，这是为什么？因为太一饱足、流溢，太一从内部源源不断地涌现，就像太阳的光线一样，这是太一的自由意志，被太一照亮的地方就成为理智界的存在，万事万物都处在太一的光亮之中，是通体透明的，然而只有到了灵魂的阶段，灵魂想拥有自己的存在，灵魂才生成了质料性存在。因此，太一源源不断地提供着理智界存在的动力，使得理智界散发着神圣的光辉，理智界的每一种存在，在凝思太一的过程中成为自己。

太一究竟是什么？如果非要回答，普罗提诺认为：太一即至善。太一是理智界存在成为存在的根本，为什么是至善呢？至善是自足的存在，不需要其他事物，万物都需要它，它却不需要万物。普罗提诺认为：

---

① Plotinus, Ennead V.2.1, p.59.
② 陈鼓应著：《老子注译及评介》，北京：中华书局，2008 年，第 163 页。

对于太一来说，没有任何存在是善的；因此它不想要任何事物；它超越善，是一种不为自己而是为别人的善。①

太一至善的流溢产生了理智界，也就是说理智界是在太一之后，太一是之前的存在，太一是理智之上的存在，它创造了理智，是理智呈现的源泉和动力。太一没有之上，因为太一是同，它是均质的，完满的存在。理智界的每一存在的目的就是成就自己的所是，而这只有在凝视太一的过程中成为理智界的所是，因此，理智界的源头是至善，即太一。这里，我们达至了普罗提诺哲学的顶点，同时，我们也能看到普罗提诺的哲学思想和诺斯替主义的哲学思想之间的分歧。诺斯替主义认为：太一是善的超越性存在，是纯善无恶的，但是理智创造本身就是恶的，因为它的创造已经是不完美的，是缺乏的，诺斯替主义寻求一种"神圣的知识"，这种知识能够带来拯救，用二元对立的关系来解释宇宙创造，诺斯替主义认为宇宙的创造就是恶的监狱，"恶是像心灵一样的心灵实体，历经多次重生，最终将获得不朽的地位。"②而普罗提诺认为本体界的三个存在都是纯善不恶，恶始于灵魂追求自己，灵魂创造本身无恶，宇宙也是神圣的存在，恶是神圣的缺乏，并不是善恶二元论的问题③。

在普罗提诺的哲学中，恶并不是实体，因此，只有灵魂具有想成为自己的向外的功能时，灵魂才开始脱离至善，脱离至善的灵魂仍旧处于灵魂的辩证性原理之中，仍能够根据灵魂的理智存在进入理智界，获取理智的光辉。理智永远凝视至善，在凝视中成为自己，它不存在向外的

---

① Plotinus, Ennead Ⅵ.9.6, p.327.
② 〔美〕沃格林著，刘曙辉译：《秩序与历史（第3卷）：柏拉图与亚里士多德》，南京：译林出版社，2014年，第198页。
③ A.H. Armstong, *Plotinus*, Collier Books, 1962, p.24.

视域,因为它离太一最近,因而理智的内外都是光,是通体完美的球体,是至美的归宿,理智也不会下降,理智即巴门尼德的存在的生成原理。灵魂是理智的一个像,灵魂具有论证原理的作用:一方面它受太一和理智的召唤,能够进入理智界的存在之中;另一方面它又想成为它自己,能走出理智视域之外。灵魂的二重性成为宇宙、自然、动植物和人存在的理由。在普罗提诺看来,前一个是高贵的灵魂,后一个是走向堕落的灵魂①,这个所谓"走向堕落的灵魂"形成了我们的世界。

太一是最高的神秘存在,它源源不断地生成,主宰现象界的呈现,我们只能在现象界的呈现中体悟到这种冥冥之中存在的力量。我们不能把这种存在称作什么,因为它在万物中存在,一旦被命名,它就不是它的所是,因为命名是一种说出,而说出的不是全部,是逻辑化的,在时间序列和语言规则之中,甚至是混乱的、歪曲的,千人千言,但说的是同一存在。太一就是那个整体世界的秘密。只有抛弃了肉体欲望的束缚,以灵魂为中心,我们的理智躺在身体的边缘,默默地观察身体的变化,把身体当作一个异己者,像朋友一样对待的时候,我们才能脱离身体的束缚,以理智直观的方式来看待世界,看待生命,同时,也进入笛卡尔所说的"我思"之中,只有"我思"才是真正的存在,没有任何存在能够否定"我思",即使"我不思"也在"我思"的范畴之内。

在普罗提诺的哲学中,"我思"是后来的,因为"我"是产生于太一、理智、灵魂之后的现象界存在②。在太一、理智、灵魂之中没有"我",而"太一——理智—灵魂"最终转化为基督教神学哲学的内核,我之所以可

---

① Plotinus, Ennead Ⅵ.9.9, p.337.
② 〔德〕海德格尔著,孙周兴译:《尼采(下卷)》,北京:商务印书馆,2010 年,第 993 页。"这种确信还局限于人类的 cogito-sum[我思—我在]的表象,而 cogito-sum [我思—我在]因为是人类的,所以只可能是一种受造的,从而是有条件的。"

以进行"我思"是因为"我"分有灵魂和理智，具有灵魂和理智的影像，具有我的智力。根据那点影像的存在，我通过"我思"具有了走向高级世界存在的可能。因为"我思与不思"，那个灵魂、理智和太一的世界都存在，"我思与不思"，太阳都东升西落，只不过"我思"产生了真理，用以"我"把握这个世界，灵魂、理智和太一只是把握的途径，真正的存在就在那里存在，不是通过手段或目的把握的存在，它不为人的目的而存在，形成了客观世界，而对客观世界的思考是思的，思是非主观性的存在。

以上简单地阐释了普罗提诺的三本体，三本体是本原的世界，在现象世界之前的存在，是使得世界活跃起来，使得人存在的根本，是世界背后的世界，真正存在的世界。如果专注于我们世界的研究，我们永远都处于迷茫和无知之中，因为我们的世界瞬息万变，并处在质料的束缚之中，我们永远也不能认清事物的本质。普罗提诺的三本体的世界是静谧的世界，具有浩瀚无垠的神圣光辉，是灿烂欢乐的世界，不是死寂的世界，太一源源不断地涌溢使世界充满活力，这三本体的世界是真正的存在，它在我们这个世界的背后，在潜能上主宰我们这个世界的呈现。它之所以显现为我们的世界，只是一种现象，一种呈现。当我们执着于这种现象和呈现的时候，我们就陷入了无穷无尽的迷惑之中。因此，我们必须循着呈现在我们面前的事物的踪迹发现真正的存在，以便能够回归本体界。

第 2 节　灵魂遗忘和灵魂下降：现象世界生成论

我们这个世界的呈现，是一个有意思的现象。天空、大地、山川、海洋、湖泊、动物、植物、人以及非生命存在,都以它们所是的方式呈现着。问问它们为什么呈现? 只是因为我看到或我意识到吗? 答案显然是否定的。如果是这样,世界会因为我的视觉、听觉、嗅觉、味觉、触觉或意识的存在而存在。如果我们是世界的主宰,那么我们就可以使得事物生灭变化,但事实并非如此,尽管不时有人宣称自己可以改变世界,每个人又不得不受制于一种普遍原理的支配,任何人都无法改变。因此,透过这些现象以及我们可怜的知见和理性导向的整个现象世界的存在,我们发现了一个更为广大的世界,在我们这个世界之中的世界,也就是上一节所讲的世界。这一节,我们主要探讨作为呈现的现象世界,作为呈现的现象世界也就是灵魂遗忘和灵魂下降所形成的世界,以及在这个世界中的人类存在,如何使我们这个世界变得美好。

灵魂遗忘它的高级存在是现象界生成的必要条件,在五卷一章《论三个原初本体》(On the Three Primary Hypostases)中,普罗提诺讲解了灵魂遗忘的问题,灵魂遗忘了它的本源,走向了低级存在,虽然灵魂走向了低级存在,但是灵魂力量仍是伟大的,它使我们的世界活跃起来。在《九章集》四卷三到五章主要讲解了灵魂下降所形成的世界,在这三章的简介中,阿姆斯庄认为:

> 首先,记住这一点很重要,在普罗提诺及柏拉图主义者和斯多葛主义者的前辈中,还有在新柏拉图主义的后继者中,"灵魂"不仅指人类的灵魂,作为整体的物理世界也是一个具有灵魂的生命存在,它的最伟大的部分——天体和地球,拥有神圣的灵魂,在庄严性和能量上都高于人类灵魂。[1]

---

[1] Plotinus, Ennead Ⅳ.3 - 5, pp.26 - 27.

　　这一节，本书回到《九章集》的第四卷，因为第四卷主要探讨灵魂遗忘所形成的现象界的灵魂问题，普罗提诺认为：

　　　　宇宙处于灵魂之中，没有任何存在不分享灵魂。①
　　　　灵魂下降，既不是乐意的，也不是因为它们是被派遣的，也不是自愿的因素，就像经过深思熟虑的选择一样，而是本性自然的一跃或者像是本性的情感和欲望的合一或者像一些人没有缘由地走向高贵的行动。②

　　正是这样的一跃，现象界就处于灵魂之中，但普罗提诺认为"这样的一跃"的根据是法则（Θέμις，law），这个法则，源于灵魂的理智存在，法则应追溯到理智界，普罗提诺认为："法则不是来自外在的力量，而是赋予他们适合他们自己的法则。"③阿姆斯庄认为："法则写入了我们之中，我们能够在呈现之中看到，意识到法则。"④这个法则是现象世界存在的根据，普罗提诺认为整个现象世界都是法则的呈现，"大全的灵魂点亮了天空赋予它们自己最伟大的第一部分，点亮了剩下的世界作为第二部分；再下降它的光减弱，再往下，他就不具有优势。"⑤"伟大的光居住并闪耀着，它的光在理性的秩序和比例中作用于世界。"⑥普罗提诺认为：现象世界处于理智和灵魂之中，现象世界的生成具有秩序和比例，现象世界是造物主的创造，在伟大的光和法则之中。

---

① Plotinus，Ennead Ⅳ.3.9，p.65.
② Plotinus，Ennead Ⅳ.3.13，p.79.
③ Plotinus，Ennead Ⅳ.3.13，p.79.
④ A.H. Armstrong，*Plotinus*，Collier Books，1962，p.86.
⑤ Plotinus，Ennead Ⅳ.3.17，p.89.
⑥ Plotinus，Ennead Ⅳ.3.17，p.89.

现象界具有复杂性,因为现象界灵魂遗忘了高级世界。在遗忘的世界里,灵魂通过身体感知、意识和判断把握对象,并且现象界的存在处于身体和质料的束缚之中,处于不同的时间和地点之中,具有不同的形体和特征、不同的体验和想法,普罗提诺说:"在那儿,不可分的存在主宰着理智界,并处于真正的存在之中;在感知的世界之中,总体上是可分的。"①在《范畴篇》中,亚里士多德用"种—属"和十范畴来把握千差万别的现象界存在。在《九章集》第四卷中,普罗提诺用灵魂问题替换了"种—属"问题和范畴问题,形成了灵魂的种与灵魂的属,将现象界的存在统一在灵魂大类之下,从而形成了现象界"种—属关系"与超现象界"种—属关系"的沟通。普罗提诺的"灵魂的种—属"问题是对亚里士多德"隐德莱希"(Entelechy)概念的深化,也是对柏拉图"理念世界"概念的深入探讨,在灵魂的世界里建构起了万事万物的解释系统,形成了普罗提诺的灵魂解释学,产生了本体论和现象论之间的解释系统。普罗提诺在灵魂中建立起另一个完美的世界,但灵魂世界的建立有着深厚的古希腊哲学底蕴,并不是凭空产生的。

首先,我们考察柏拉图的灵魂思想。

在柏拉图的哲学中,关于灵魂的探讨充斥在每一篇作品之中,在《高尔吉亚篇》(Gorgias)、《蒂迈欧篇》《理想国》十卷以及《法律篇》(Laws)卷十中具体的探讨了灵魂问题,但是真正的关于灵魂的主题的探讨主要集中于《斐多篇》(Phaedo)中。关于柏拉图的灵魂思想有一个固定的表达:身体是灵魂的监狱。其实,柏拉图的灵魂思想表达的意思远远比这一条固定的观念要深远。众所周知,苏格拉底以"腐蚀青年、不敬神、在城邦中引进新神"这三项罪名被雅典公民大会判处死刑,

① Plotinus, Ennead Ⅳ.1[2].1, p.11.

《斐多篇》是苏格拉底在狱中的最后一次谈话，主要探讨的是灵魂问题。这次谈话的意义是什么？想来是希望。因为苏格拉底论证：灵魂不但在人出生之前就存在，并且在人死亡之后仍然存在，在世存在的人要保持灵魂的纯洁性，不陷入身体的欲望之中。在整个对话的过程中，大家不能抑制自己的感情，斐多认为："我们这些在场的人全都这样，有一种间于欢笑和哭泣之间的感觉。"①苏格拉底用一种关切的方式告诉大家，我要到另一个美好的世界中去了，是一件高兴的事情，苏格拉底认为："在我看来一个真正把一生贡献给哲学的人在临死前感到快乐是自然的，他会充满自信地认为当今生结束以后，自己在另一个世界能发现伟大的幸福。"②大家处于欢笑和哭泣之间的感觉说明一个问题：没有达到对生命存在真正的关注。苏格拉底用了一些论证的方式说明了灵魂的不朽，从相生相克的角度解释了死亡，他说"凡是对立面的事物必定从其对立面中产生，而不会从其他来源中产生。"③较大与较小，分离和结合，冷却和加热，生与死，死亡一定是人进入了另一个世界中。从中，我们可以看出：苏格拉底所定义的人是什么？如果要把具有人的灵魂的身体存在物叫作人的话，那么，当身体停止呼吸，不能运动、说话、停止思考的时候，我们说这个人死了。但在苏格拉底那里不是如此，因为人的定义不是具有人的灵魂的身体，而只是人的灵魂本身，毒药只能让身体停止运动，让语言无法生动地说出，但毒药无法改变一个人的灵魂，而灵魂是人的本质性存在，甚至毒药让苏格拉底进入到灵魂

---

① 〔古希腊〕柏拉图著，王晓朝译：《柏拉图全集（第一卷）》，北京：人民出版社，2012 年，第 53 页。

② 〔古希腊〕柏拉图著，王晓朝译：《柏拉图全集（第一卷）》，北京：人民出版社，2012 年，第 60 页。

③ 〔古希腊〕柏拉图著，王晓朝译：《柏拉图全集（第一卷）》，北京：人民出版社，2012 年，第 70 页。

完满的世界中。

在《申辩篇》(Apology)中,苏格拉底告诉雅典公民,他就像一只牛虻,是上帝派来专门来提醒人类的无知的,使人从身体的感知和欲望之中解放出来。我想在苏格拉底的思维中,与理智相联的灵魂才是真正的人,那些生活在身体欲望中的人没有发现自己的真正本性,我们要让他们生活在知之中,而这个知居于哪里? 显然不是身体,因为在进行思考的过程中,身体会阻碍思的进程,身体会劳累,会饿,会痛苦,身体会把这些信息报告给灵魂,让灵魂停止相应的工作,而意志这时就会起作用,形成了是坚持还是放弃动摇性心态,而思本身并没有这样的问题。越是进行深入地思,越会发现身体是拖累的,我们必须学会照料身体,才能让智慧完美地展现出来。《理想国》有言:"用音乐照顾心灵,用体育照顾身体。"①整个柏拉图的思想,灵魂是一个重要的问题。在《蒂迈欧篇》中,有创造世界的灵魂——德穆革(Demiurge);有天地自然宇宙的灵魂;有人、动物、植物的灵魂,也有大全的灵魂和个体的灵魂。关于柏拉图的"身体是灵魂的监狱"这样的提法,恐怕是后世哲学家对《高尔吉亚篇》的发挥,以及作为宗教末世论的延伸。在《高尔吉亚篇》中,苏格拉底强调:"我们也许真的已经死了,因为我听说有位聪明人说过我们是死人,我们的身体是一个坟墓,住在里头的灵魂的性质是摇摆不定的。"②这里,高尔吉亚提出了身体和灵魂的一种关系,处于身体中的灵魂,其强调灵魂的摇摆不定的性质,而这个摇摆不定的性质却成为人修炼身体,达到脱离身体成为圣人的契机,然而,大部分人是陷入身体

---

① 〔古希腊〕柏拉图著,郭斌和、张竹明译:《理想国》,北京:商务印书馆,2010 年,第 121 页。
② 〔古希腊〕柏拉图著,王晓朝译:《柏拉图全集(第一卷)》,北京:人民出版社,2012 年,第 380 页。

之中，无法形成修炼。在《主体解释学》(L'Hermèneutique du Sujet)中，福柯(Michel Foucault)探讨了身体与灵魂的这种关系，他认为：身体是灵魂修炼的场所。[1] 福柯在皮埃尔·阿多的"哲学作为一种生活方式"及"灵修"思想的影响下，做了此项研究。福柯通过分析柏拉图的《阿尔西比亚德篇》(Alcibiades)，借助了阿尔西比亚德由个人生活向城邦生活转变提出了关注灵魂的问题。因为，人们对阿尔西比亚德的赞美是基于他的美貌和财富，现在他的美貌被后起之秀超越了，人们不再关注他，转向城邦生活的阿尔西比亚德应该怎样肩负起城邦管理者的职责。在分析《阿尔西比亚德篇》基础上，福柯阐释了"关心你自己"和"认识你自己"的问题，认为"你自己"不是肉体、名誉、财富，而是灵魂，用灵魂关心和认识身体。在此基础之上，福柯阐释了古罗马时期的"修身"问题，这与中国道教的"内丹心性学"有着异曲同工之妙，在这里，灵魂作为一种内丹。另外，在古希腊神话中，关于人的创造已经表明，人是由身体和灵魂两部分构成，只有灵魂进入身体，身体才能活跃起来[2]。在人死亡的时候，身体归于大地，灵魂回归天堂，人是使得世界活跃起来的短暂的存在。这个存在的智慧，必须上达天空，在天之中撷取智慧，来管理人类和整个世界，也是传统观念中的"天赋人权"。而所谓的沉思必然要达到这样的境界，这个境界是超越人类世界的，也就是我们上一节所讲的三本体的世界。因此，用"身体是灵魂的监狱"的说法来理解柏拉图的灵魂思想是不合理的。

　　总之，柏拉图的灵魂思想还传达了一种客观知识可能性的智慧。

---

[1]〔法〕米歇尔·福柯著，佘碧平译：《主体解释学》，上海：上海人民出版社，2010年，第40~41页。

[2] 此观念造成了西方的"制造"文化，对"技艺"的推崇。无论是治理城邦，还是对宇宙创造的探讨。与中国的"重道轻器"文化不同。这种崇拜以精确性和运动性作为核心，体现人类复杂的制造技艺。如特洛伊木马就体现了工匠技艺的重要性。

在《美诺篇》中,灵魂论与回忆论的结合,使得人能够掌握存在的客观知识。《斐多篇》所表述的是一种整体的世界观,更是一种圆通的宇宙论,当我们将这种宇宙论与《蒂迈欧篇》中的宇宙、自然和动植物的创造结合在一起时,灵魂问题伴随着宇宙被创造的秘密,关于自然知识的客观性的问题就被有效的解释。在人和自然两个维度上,客观知识的可能性在灵魂论的视域下得到了有效的解决,用以对抗智者学派的怀疑论思想。因此,柏拉图的灵魂论,不是简单的"身体是灵魂的监狱",柏拉图的灵魂哲学所要表达的内容,也不是"身体"的可鄙性。我们在柏拉图的哲学中没有看到任何关于身体存在的否定性表达,他只是教我们与身体的欲望保持一定的关系,不要被身体奴役,因为柏拉图的哲学主要是教会人们如何在城邦中过美好而有德性的世间生活。

其次,我们讨论亚里士多德的灵魂思想。

亚里士多德的专门著作《论灵魂》(On the Soul),集中体现了亚里士多德的灵魂思想。当然,在《尼各马可伦理学》中也有相应的论述,但是关注的是灵魂问题的不同角度。相比于柏拉图灵魂论的多元性和庞杂性,总体来说,亚里士多德的灵魂思想是专注于生命的灵魂论,他认为:"我们有理由把灵魂的学问放在第一重要的位置上,……,在某种意义上说灵魂就是生命的本原。"[1]他将灵魂放在了生命本原的位置上。在《论灵魂》中,亚里士多德以实体问题作为出发点,探讨了灵魂、身体和躯体之间的关系,形成了亚里士多德基于生命论的灵魂学说,形成了灵魂与心之间的对立关系,为中世纪晚期主动灵魂和被动灵魂问题的研究提供了基础,他认为实体有三个层次:

---

[1] 〔古希腊〕亚里士多德著,苗力田主编:《亚里士多德全集(第三卷)》,北京:中国人民大学出版社,1992年,第3页。

我们把某一科属存在的事物叫作实体，实体一分为三：（1）质料，它自身并非是'这个'；（2）形式或形状，由于它事物才被称为'这个'；（3）前两者的合成。质料是潜能，而形式是实现或现实，现实在两种意义上使用：拥有知识与运用知识。①

在躯体与灵魂的关系上，亚里士多德遵循了实体问题的划分，他认为："躯体并不是灵魂。躯体并不隶属于某个主体，它自身即是主体和质料。所以，灵魂，作为潜在地具有生命的自然躯体的形式，必然是实体，这种实体就是现实。灵魂是我们描述的自然躯体的现实，这个现实有两种意义，类似于拥有知识和运用知识。"②从两段的引用中，我们发现这样的对应关系：

$$
\begin{cases}
质料\to形式\to质料和形式的合成\\
躯体\to灵魂\to躯体和灵魂的合成③
\end{cases}
$$

灵魂是生命是其所是的原因。亚里士多德将生命区分为植物、动物和人，分别探讨了植物的灵魂、动物的灵魂和人的灵魂，认为灵魂是所有有生命存在的现实，灵魂不能与身体分离。通过考察植物灵魂、动物灵魂和人的灵魂，他认为灵魂有四种普遍性功能：营养功能、运动功能、欲望功能和思维功能。只有人具有全部的四种功能。植物仅具有

① Aristotle, translated by W. S. Helt, *On the Soul*, Massachusetts: Harvard University press, 1957, p.67.
② Aristotle, translated by W. S. Helt, *On the Soul*, Massachusetts: Harvard University press, 1957, pp.67 - 69.
③ 陈中雨著：《灵魂作为第一重要知识——亚里士多德《论灵魂》解读》，《太原师范学院学报（社会科学版）》2016 年第 1 期。

营养功能，并且植物的营养功能可以与欲望功能分离；大部分动物都没有思维的功能；只有人具有高级的思维功能，因此，人能解释世界，知其然又知其所以然。

亚里士多德在生命范畴内解释了灵魂的问题，但是他的不足在于：灵魂本身是什么这个问题没有得到有效的解释。他认为灵魂是生命的本原存在，灵魂是静止不动的，这一点，柏拉图的灵魂问题似乎比亚里士多德的关注范畴广阔。"在拉尔修的《名哲言行录》中记载，柏拉图在给学生们朗读他的《斐多》的时候，其他的学生都陆续起身走了，只有亚里士多德听到了最后。"①显然，亚里士多德做了与柏拉图《斐多》灵魂使用身体相反的解释，但他并不是提倡智者学派宣扬的怀疑论，而是探讨灵魂作为生命的本原。

亚里士多德通过灵魂与生命关系的探讨有效地表达了人的感知和理性的区分。在人的生命范围内，解决了感知觉的综合和摄取外在事物的方法，在作为眼耳鼻舌身的"五识"的基础上，亚里士多德进一步探讨了"统觉"，形成了"五识"与"统觉"之间关系的探索，这为感觉论的提出提供了最为顽固的根基。另外，他也通过心灵和概念，对感知觉摄取外在事物的过程进行进一步的综合与分析，形成了理性认知的问题，从而在一定的意义上解释了人的生命范围内的世界：感知综合世界和心灵思维世界，这与《尼各马可伦理学》中所说的灵魂思考不变的部分和灵魂思考可变的部分形成一致，即灵魂的智性存在和身体的感知存在。而这些之所以能够实现，都有赖于灵魂对身体的实现，否则，身体只是一系列元素组成的物质，如：水、火、土、气，或者只是有机体，如：植物、动物和人的身体。在有效表达了人对世界的认知的同时，亚里士多德

①　廖申白著：《试析亚里士多德的灵魂论——基于亚里士多德〈论灵魂〉》，《道德与文明》2012 年第 5 期。

实际上否定了神的价值，将灵魂与生命结合在一起，并将灵魂放在生命本原的位置，灵魂是静止不动的，灵魂是生命的实现。生命是靠灵魂中的逻各斯自我认知和自我探索的存在，不是受造于上界的生命存在。在亚里士多德的灵魂世界中，没有区分为我们上一节所讲的三本体，亚里士多德用潜能和现实这对概念解释了万事万物的生长和发展，研究"苏格拉底审判"的专家斯东(I.F. Stone)认为："亚里士多德把'灵魂'问题从神学带回到生理学，从神秘主义带回科学"①。因此，在早期的基督教文化中，亚里士多德的思想是一种批判性的态度，只有到了托马斯·阿奎那(Thomas Aquinas)，亚里士多德思想内在的光辉才与神学结合在一起，形成了中世纪哲学的高峰，对灵魂与理智关系的探讨是中世纪哲学重要的问题，这与亚里士多德思想的内在性密不可分。

最后，谈谈普罗提诺的灵魂思想。

普罗提诺的灵魂思想是对柏拉图和亚里士多德灵魂论思想的综合性继承。普罗提诺扩充了柏拉图的灵魂论，将其进一步作为概念体系化，在体系化的基础上提出了：本质灵魂、大全灵魂、宇宙灵魂、个体灵魂等一系列的灵魂概念来解释整个世界，并提出了灵魂感知和灵魂理智的双重维度，其内容涉及天、地、万物和人，从总体的、一般性的灵魂到具体的个别的灵魂都在他的探讨范围之内。另外，普罗提诺也抛弃了亚里士多德的"隐德莱希"的概念，普罗提诺认为："在我们探讨的灵魂本质存在中，我们已经表明它不是身体，在非身体性的事物中，它也不是一种和谐；我们已经抛弃了隐德莱希的观念，因为它没有揭示灵魂的状态，以及说清楚灵魂是什么的问题。"②因为"隐德莱希"这个概念不能很好地解

① 〔美〕斯东著，董乐山译：《苏格拉底的审判》，北京：北京大学出版社，2015 年，第 170 页。
② Plotinus，Ennead Ⅳ.1.1，p.9.

释本体界灵魂的问题,只能解释现象世界的潜能和显现的问题。从灵魂遗忘和灵魂下降开始,灵魂就进入了现象界的维度。普罗提诺认为"当灵魂具有外在于理智界的视域的时候,灵魂首先进入的是天,当他把自己放在那儿的身体里,继续下降时就意味着进入属地的存在,在延展的长度上受到限制"①,继续下降到地上就到了我们的世界。

我们的世界的复杂性,在于我们世界的多样性,我们世界的多样性是通过我们的感知觉,感知到事物是相互区分的,但我们的理性会通过区分来把握一种同一性,因此,现象世界在人的范围内得到有效呈现和把握,这呈现为亚里士多德的灵魂论思想。在普罗提诺的现象界灵魂论之中,必然要探讨灵魂的本质,但是,灵魂的本质问题不是真正的上界的灵魂,是我们的灵魂对于现象世界的解释,因此,形成了灵魂是一还是多的问题? 灵魂与身体的关系? 这里面还是一个二元性的问题,身体是灵魂之外的存在,还是在灵魂之中的存在,也就是说身体是本来就存在的,在太一、理智和灵魂之外的广大世界,还是身体是在太一、理智和灵魂之中的存在。在普罗提诺的哲学中,主要的观点是"太一流溢论",而不是二元论。从我们的世界来看,这个一元论本身,在流溢的过程中,也不能逃脱物质性和非物质性这对范畴的纠缠,其实从太一论的高度来看,物质性存在是在非物质性存在之中形成的,普罗提诺用了一个概念:光。

普罗提诺哲学中最高的存在太一,是不断地流溢的,产生的形式就是光,而光在产生视域的过程中不断地回望太一,否则光就消失了,在回望的过程中,产生了理智、灵魂②,由于流溢的层级中,力量不断减

① Plotinus, Ennead Ⅳ.3.15, p.83.
② 此处的"回望",似乎是反射的问题,照出一束光,如果不能反射回来,就不能得到视域,光必然在回望的过程中形成"是"(being)的视域。参见:Plotinus, Ennead Ⅴ.1.7, p.33、35. "理智不是善,善怎么产生理智的? 是善通过回望(see)返回它本身,这个回望(seeing)就是理智。"

弱，因此，在太一视域的范围内，形成理智界，"太一——理智"是同一视域内的，理智永远也不能逃离太一的视域。在灵魂的范畴之内，一方面通过智性灵魂进入理智世界，一方面通过胆大妄为形成现象世界的存在，具有了质料性存在。因为，在光的有限性之中，被照亮的世界，就是理智的世界，未被照亮的世界是未知的世界，也是不存在的世界。因此，从太一（光）的流溢过程中，我们发现了世界的一元性。但是一元性的末端隐藏着一个世界，就是黑暗，普罗提诺将其称为质料的世界，也是恶的世界。与此同时，普罗提诺也认为："质料，也是形式的最末端，因此宇宙都是形式，在其中的所有事物都是形式。"①因此，从太一之光、理智、灵魂的三本体，到灵魂进入形体，形成的活跃的世界，再到无灵魂的质料的黑暗世界，形成了至善到至恶的世界，而根本的力量在于太一自由意志流溢的有限性。然而，在所有的现象界的诸种存在中，人是最伟大的。亚里士多德宣称人和动物的重要区别在于人有理性，而这个理性就是普罗提诺所说的灵魂的论证原理，人对自己的本性的觉悟和超脱，是人类世界及现象世界成为真正存在的根本，人能"绽出"。人作为一个中介和过程，具有与太一和理智界沟通的重要能力，而将太一与理智界的完美存在带入现象世界，从而使得现象世界享有人的智慧的光辉。

现象界通过人的存在，将恶的事物不断地改造，通过人的智慧而达到一个完美的世界。因此，在太一流溢的过程中，人是最具价值的存在，人这个存在使得我们的世界充满理性的光辉。但我们必须同时承认，人的世界是不完美的，每个人都被束缚在身体的欲望之中，无法向上飞翔②，我们的世界充满了不满足，每个人都不知道自己生命真正的

① Plotinus，Ennead Ⅴ.8.7，p.259、261.
② 此处普罗提诺是批判伊壁鸠鲁的享乐主义，说他们的思想是在烂泥中打滚的猪猡。

意义，就像一个打着灯笼在无边的黑暗中摸索的存在，没有任何光亮能够解救人的悲惨，人的思想本身也是可怜的。然而，人却认为自己的发现是伟大的，没有对自然、宇宙的敬畏之心，就陷入了一种盲目的欲望之中。在《泰阿泰德篇》（*Theae tetus*）中，苏格拉底说："恶永远不可能消失，塞奥多洛，因为善永远会有它的对立面。"①在《反抗"平庸的恶"》（*Responsibility and Judgment*）中，阿伦特（Hannah Arendt）认为："根据耶稣，恶被定义为那种人类力量不能移除的'绊脚石'，skandalon。"②恶与人的身体必然性相关，是一种缺乏和可朽性的生产，"恶侵害着世界的秩序"③。苏格拉底所谓的恶，是与人的真正存在相违背的身体贪欲，与至善城邦相对立的破坏性力量，只有德性才能缓解人类社会的恶。其实，在普罗提诺的哲学中，人是最重要的中介，他是上界和下界存在的枢纽，是使得整个现象界充满理性的光辉的存在，但是，普罗提诺也让人们知道相对于灵魂、理智和太一，人也是渺小的。普罗提诺对现象界人的存在的探讨的目的是，使得人回归到理智界，在理智界中寻找到存在的价值，使得现象界充满希望和智慧。然而，这个智慧获得的唯一途径是对理智界的沉思，以及否定外在性的生活，专注于内在性的探索。

柏拉图哲学本身还是在现象世界的基础之上，来探讨理念的世界，虽然他宣称现象世界是理念世界的模仿。《巴门尼德篇》中，在巴门尼德的追问下，苏格拉底逐渐对"理念"的概念产生了质疑。巴门尼德说：

---

① 〔古希腊〕柏拉图著，王晓朝译：《柏拉图全集（第二卷）》，北京：人民出版社，2003 年，第 699 页。
② 〔美〕汉娜·阿伦特著，陈联营译：《反抗"平庸之恶"》，上海：上海人民出版社，2014 年，第 136 页。
③ 〔美〕汉娜·阿伦特著，陈联营译：《反抗"平庸之恶"》，上海：上海人民出版社，2014 年，第 136 页。

"苏格拉底啊，对于那些可笑的东西，例如头发、烂泥、垃圾以及最不足道、最无价值的东西，你是不是也感到麻烦，不知道是否应当肯定它们各有一个分离的'型'，异于我们用手摸到的物件？"苏格拉底说："决不能肯定它们有'型'，……每当我遇到这种情况就逃之夭夭，害怕掉进愚昧的深渊不能自拔。"①柏拉图对现象世界的研究也是其哲学的主要价值，对于理念世界的探讨本身是对现象世界的一种价值导向，他的早期哲学思想主要是与智者学派的怀疑论的对话之中建立起来的。而在普罗提诺哲学中，这种导向恰巧处于倒转的状态之中，他不是要对现象界提供一种价值导向，而是回归到本体界，因此，普罗提诺专注于灵魂生成和回归的问题。

上一节，我们说到灵魂具有向内和向外两种视域，这是灵魂的重要价值。灵魂的向外的视域，想要成为自己，灵魂进入了身体世界，形成了可分性。可分性：是身体，还是灵魂？如果灵魂本身具有可分性，那灵魂就不是一，灵魂就是多。如果身体具有可分性，灵魂只有进入身体才具有了可分性，那么灵魂就是一，身体就是多。在著作《普罗提诺》(Plotinus)中，阿姆斯庄认为："灵魂在下界，他不仅仅是分离的，也是未分离的：因为分离的部分是没有区分的分离。他把他自己赋予整体的身体，而没有区分因为他将自己的整体赋予整体，它被区分是因为它在每一部分中呈现。"②阿姆斯庄解决了灵魂的部分和灵魂的整体性之间的关系问题，认为灵魂本身就是一个整体，灵魂将其整体给予了每一个部分，我们认为灵魂有部分，是在分离的部分的意义上。这就像"圆—圆心，火—热和雪—冷"之间的关系，在亚里士多德哲学中，这被称为

---

① 〔古希腊〕柏拉图著，王太庆译：《柏拉图对话集》，北京：商务印书馆，2011 年，第495 页。
② A.H. Armstrong, *Plotinus*, Collier Books, 1962, p.37.

"本质—属性"之间的关系,而在普罗提诺的哲学中,这种关系处于层级之中,灵魂的未分状态和灵魂的可分状态只是灵魂状态的不同,与灵魂本身无关,就像一个人站在水中,水上的部分与水下的部分是一个整体。再则,灵魂本身无所谓一和多,因为灵魂本身是无形体的,为何有些灵魂形成了动物、有些灵魂形成了植物,有些灵魂形成了人的存在形式? 普罗提诺认为:灵魂一定是有欲望的,灵魂的欲望是根据理智的法则的,灵魂的欲望形成了这些事物的存在,使得他们的生命活跃起来,因此,灵魂的理智存在具有万事万物存在的"种的尺度"。理智界的灵魂是没有质料的,这个世界的灵魂进入身体就被身体分开,并沾染了身体的习性,普罗提诺认为:"在身体中的可分性依赖于身体;可分是身体的作用。"①在《九章集》的一卷一章《生命物是什么,人是什么?》中,普罗提诺探讨了具身性灵魂,并认为:灵魂因身体而变坏,身体因灵魂而变好,具身性灵魂处于邪恶的身体和纯洁的灵魂之中,摇摆不定,具有二元性。

在灵魂进入的所有存在中,普罗提诺认为唯有人最具智慧。因此,关于现象世界的探索集中在关于人的感知、判断、理性、推理的探索之中。但这些存在本身是一种呈现,另一事物本身也是呈现。当人确认一事物是山川的时候,已经是一个对另一个的描述,描述处于表象的关联之中。普罗提诺说:"论证性思想,通过词语进行表达,考虑的是一事物在另一事物之后——这种方法叫作描述。"②在人的世界中,通过描述,建立了现象世界的关联,从而形成了一个世界——日常言语的世界,这个日常言语世界不是世界的全部,而是对呈现的把握。而对呈现的把握,更是对呈现的一个侧面的把握,呈现的背后还有真正的存

---

① Plotinus, Ennead Ⅳ.1[2].1, pp.13 – 15.
② Plotinus, Ennead Ⅴ.3.17, p.133.

在，这就是另一部分言语，是对那个真正存在的领会，即预言或祭司之言。阿波罗（Apollo），就是伟大的预言之神。普罗提诺在《九章集》也有专门谈 precaution 的问题。荷马史诗中的卡尔卡斯（Calchas），埃斯库罗斯（Aeschylus）戏剧《阿伽门农》（Agamenon）中的卡珊德拉（Cassandra），都被称为具有预言能力的代表。这种言语，不是对现象世界关联的描述，而是对本体世界关联的描述，是古希腊人观念中重要的一方面，起源于神圣世界维度。

在人的世界的范围内，通过言语，万物得到了有效的表达和呈现，形成了人与物之间的关系，人与人之间的关系，人与社会的关系，人与国家的关系和人与神的关系，形成了军事、政治、法律、经济、宗教等各种人类价值导向。但普罗提诺认为这种描述型的语言在论证性思维之中，他不能表述纯粹的一，普罗提诺只是对灵魂的高贵性和无限的神圣智慧感兴趣，虽然他也很了解灵魂在身体中所具有的重要价值，但他选择了更为根本性的问题，就是这些关系建立的基础：人以及人的灵魂的来源。因此，在灵魂遗忘和灵魂下降的世界里，需要探讨的是如何使得灵魂回归本体界？灵魂回归本体界的动力是什么？

第 3 节　万物有灵与万物有智：
灵魂回归本体界的动力

灵魂遗忘和灵魂下降，形成了现象世界的万事万物。因此，现象世界的万事万物也具有了灵魂的影像，这点影像就成为灵魂回归本体界的动力。在普罗提诺的哲学体系中，灵魂是理智的影像，万物有灵的同时也沾染上了万物有智的观念。因此，从万物各自成为自己的过程中，我们也能看到万物的生存智慧，因为万物本身产生了与灵魂相关的理智。

赫拉克利特认为："上升〈和〉下降的路〈是〉同一条路。"①在普罗提诺的哲学中，似乎并非如此，他探讨了灵魂下降形成世界的万事万物，然而，在灵魂回归的问题上，却制造了很多障碍，不是所有的灵魂都能回归本体界，只有沉思的灵魂才能回归本体界，但所有的现象界的存在都在灵魂的生成之中。

《九章集》五卷七章《论个体的理式是否存在的问题》(*Whether There are Ideas of Particulars*)，从个体的多样性提出了模型的问题，最终形成关于"形成原理"的论述。普罗提诺认为：宇宙中的每个灵魂都有形成原理，不但人，就连动物也有形成原理，就会有无数的形成原理，但是同一种的事物具有相同的原理，就达到了一种限制，形成关于"种"的问题的探讨。在灵魂下降的道路上，灵魂却进入了万物"种的尺度"之中，但有些灵魂迷失在身体之中，失去了回归本体的动力。在《九章集》四卷三章《论灵魂的难点Ⅰ》(On the Soul Ⅰ)中，普罗提诺认为："高级灵魂飞升于多样性，把多样性集中于一，并抛弃了无限。"②通过对比我们发现，普罗提诺对无限充满否定，他看到了世界的界限，万事万物在各自的界限内生成和毁灭，通过对有限和种的问题的探讨，他对现象世界进行了基于类型的解释。但是，普罗提诺的灵魂观念体系远远没有佛教的"六道轮回"观念体系那样庞大，他对于现象界不同物种之间灵魂的转换没有具体的阐述，他只是专注于同一物种的灵魂转移问题。

灵魂分有理智，因此，不同的灵魂分有不同的理智，形成了现象界千差万别的生存智慧。有些灵魂沉入身体之中而随着身体消失而重生，普罗提诺引用了死去的植物，他认为会从根部或躯干处新生，这是

---

① 〔古希腊〕赫拉克利特著，T.M.罗宾森、楚荷译：《赫拉克利特残篇》，桂林：广西师范大学出版社，2007年，第73页。

② Plotinus, Enneads Ⅳ.3.32, p.135.

灵魂的作用。在这一点上，卢克莱修(Lucretius)的《物性论》(De Rerun Natura)具有相反的观点，卢克莱修认为："灵魂是有死的，灵魂是物质的，由粒子组成，是一种热和气，灵魂离开身体，身体并没有缺少什么。"①普罗提诺恰恰不是用物质性来解释灵魂问题，普罗提诺认为灵魂是精神性的，因为灵魂离开了身体，身体就腐败，灵魂是身体的原因。

普罗提诺认为有些灵魂常驻在身体之中，形成永恒的存在，比如：天空和大地，自从诞生之日起到现在，一直保有灵魂。在天空和大地之间，有着各种各样的生命存在。大地之上，生长着各种植物，因此，普罗提诺认为大地是植物的生长灵魂的所在，他认为：

> 大地将她的生产性灵魂赋予植物，植物拥有生长灵魂才能成为植物。②

普罗提诺还用农业之神赫斯提亚(Hestia)和谷物女神德墨忒尔(Demeter)说明了大地的生产性与神圣性之间的关系。在动物生命范围内，灵魂进入具有身体性的事物之中，就开始了世间的生活，这种世间的生活陷入了躯体欲望的诱惑之中，受到色、声、触、法、味的影响，并产生七情六欲③，陷入无穷无尽的向外寻求生命满足的生活之中，丧失

---

① 〔古罗马〕提图斯·卢克莱修·卡鲁斯著，方书春译：《物性论》，南京：译林出版社，2011 年，第 148—168 页。

② Plotinus, Ennead Ⅳ.4.27, p.211, p.213.

③ 中国诗文化的起点就在于七情。《礼记·礼运》有言：何为人情？ 喜、怒、哀、惧、爱、恶、欲，七者弗学而能。《文心雕龙·明诗》有言：人禀七情，应物斯感，感物吟志，莫非自然。《礼记·乐记》中记载：凡音之起，由人心生也。人心之动，物使之然也。感于物而动，故形于声。因此，中国文化在于如何对"七情"进行治理，达到一种澄明、理晰、无滞、绽放之境界，而是将身体之情带入一种圆融、高贵的维度。古希腊哲学，从苏格拉底在《申辩篇》中所探讨的"知"的问题开始到柏拉图对"荷马史诗"的批判性研究，就对"情"进行了贬低性研究，认为"情"是毁坏理性建构，阻碍知识获得的罪魁祸首。

了生命的真谛,从而形成了异化、压抑、剥削、统治等一系列的生命现象。古代的得道圣贤都过着一种隐秘的生活,远离社会、远离统治,与自然万物、天地星辰保持为一,实现的是大化的存在,通达与宇宙自然为一的境界。

与此相反,在柏拉图的《理想国》和亚里士多德的《政治学》(*Politics*)中主要致力于公民幸福生活与城邦的政治和法律的探讨,因为公民所选择的生活是物质的满足和生命的快乐,而提供物质生活和生命快乐的地方一定是在城邦,城邦是所有人生活幸福和快乐的源泉,城邦是一个多元包容性的地方。因此,亚里士多德强调:人是政治的动物。政治与每个人的生活幸福和快乐息息相关。普罗提诺对此不感兴趣,他认为每个人的幸福和快乐不是城邦能够提供的,因为普罗提诺的时代不是雅典城邦繁荣的时代,而是罗马帝国时期的晚期,连年战争,真正的幸福和生命的快乐在哪里? 普罗提诺说在沉思之中,在神之中。我们此生是痛苦的,无法体味到真正的快乐,只有进入理智之中,进入宇宙和永恒的神之中,我们才能体味到永恒的快乐。他也认为一个人的福祉是固定的,不会因时间的变化和生存境遇的变化而增加或减少,"他的福祉不会减少,即使命运与他作对,即使这样,善的生活仍旧在那里"。① 他讲解了"普里阿姆的命运"(the Fate of Priam),他认为:快乐和福祉,并不是与身体的情感相关,如果是这样,命运带给普里阿姆的只有悲伤和痛苦,即使一个好人,也可能遭受这样的痛苦。

普罗提诺认为:"人一定要切断身体,甚至身体的感知与人本性的联系,在福祉中发现自足性。"② 在《尼各马克伦理学》(*Nicomachean*

① Plotinus, Ennead I.4.4, p.185.
② Plotinus, Ennead I.4.5, p.187.

Ethics）中，亚里士多德似乎表达了相反的观点，亚里士多德认为："人一生中变化很多且机缘不卜，并且最幸运的人都有可能晚年遭受劫难，就像史诗中普利阿姆的故事那样。然而没有人会说遭受那种劫难而痛苦地死去的人是幸福的。"①在《在世幸福》这一节，亚里士多德又说："一个真正的好人和有智慧的人将以恰当的方式，以在他的境遇中最高尚［高贵］的方式对待运气上的各种变故……如若这样，幸福的人就永远不会痛苦，尽管假如他遭遇了普利阿莫斯那样的不幸他就不能说享得了福祉，幸福的人不会因为运气的变故而改变自己。"②亚里士多德对幸福观念的理解在于幸福是一种人的本质活动，以幸福作为本质活动来理解人生的不幸，人终究能够抵达幸福。在普罗提诺的哲学中，他同样认为幸福不应该与人的物质生活和情感生活的不幸联系起来，但同时，普罗提诺将人的幸福同天地宇宙的必然性联系起来，因此，普罗提诺在讲解现象世界的生活时，找到了现象世界的本体，我们生活的现象界，一切事物都是本体界的显现，我们要做的事情就是尽量除去身体的欲望，全身心的进入理智的沉思之中，回归到宇宙的大全之中去。

在《人的境况》（*The Human Condition*）中，阿伦特同样讲解了幸福，她认为：

> Eudaimonia 的意思不是幸福，也不是至福，这个词无法翻译，甚至无法解释。他有赐福的意思，但是没有任何宗教意味，从字面

① 〔古希腊〕亚里士多德著，廖申白译注：《尼各马可伦理学》，北京：商务印书馆，2010 年，第 26 页。
② 〔古希腊〕亚里士多德著，廖申白译注：《尼各马可伦理学》，北京：商务印书馆，2010 年，第 29 页。

上来说是一个人终生得到神灵（daimon）的陪伴和护佑，这个人有他独特的身份，但他的身份只对他人显现和成为可见的。①

> eudaimonia 只有以生命为代价才能获取，只有放弃了生命的延续（在其中我们零零碎碎地彰显自己），在一个伟业中浓缩整个人生，从而让行动的故事和生命本身同时到达终点，一个人才确信得到了 eudaimonia。②

在《申辩篇》（The Apology）中，苏格拉底认为他的 daimon 告诉他，是时候要结束他的一生了。普罗提诺对政治事务漠不关心，《生平》第 7 节中记载，有一位官员罗格提阿努斯（Rogatianus）彻底放弃了政治生活，对身体漠不关心，最后导致身体残疾，普罗提诺说他是践行哲学的人，号召我们向他学习。从这里我们可以看出，普罗提诺是一个坚定的沉思主义者，他弃绝公共生活，对幸福观念有着自己的理解，他不被城邦传统的和外在世界的观念所束缚，一心向往内心世界的高贵，时刻保持着与灵魂本身的纯粹视域的合一，从不旁逸斜出，在这基础上来建构现实生活的实践维度。

万物有灵观，是古代宗教和哲学探讨的重要问题。在古代的哲学中，神灵是伴随着人类的，尤其在荷马史诗中。海德格尔（Martin Heidegger）的"天、地、人、神"四维度的哲学思想代表了古希腊哲学的精神特质。不过，海德格尔将"天、地、人、神"带入了此在的维度，他认为：

---

① 〔美〕汉娜·阿伦特著，王寅丽译：《人的境况》，上海：上海人民出版社，2014 年，第 151 页。
② 〔美〕汉娜·阿伦特著，王寅丽译：《人的境况》，上海：上海人民出版社，2014 年，第 152 页。

无论把"世界"这个表达用作表示自然物之全体的名称(自然的世界概念)，还是把它用作表示人类共同体的称号(人格性的世界概念)，都同样是荒谬的。不如说，κόσμος、mundus，即世界，它大体上已经清晰地显突出来的含义的形而上学本质仍在于：它指的是关于与存在者整体相关联的人之此在的解释。①

世界作为某个此在之缘故的当下整体性，是通过这个此在自身而被带到这个此在自身面前来的。②

此在作为世界整体相关联的原因，世界之整体性与人之此在的解释相关联，从而将"天、地、人、神"纳入人之此在的维度中，人在这个现象的世界上，时时刻刻体悟到神的存在和自然地呈现，并用诗的语言表达神圣的生活，体现人类活动的高贵性。海德格尔否定了世界作为自然之全体和人类共同体这样的表述，海德格尔"世界"的根据在于人之此在，因此，他转换了形而上学的传统。而普罗提诺的哲学思想是传统形而上学思想，他把"天、地、人、神"纳入了"太一——理智—灵魂流溢"的维度，在古代神话宇宙论系统之中。恰如荷马史诗中充斥着各种神灵的人的世界，使得黑暗和光明都充满了乐趣，古希腊人将生和死、痛苦和快乐作为神赐给人类的礼物，作为人就要"遭受"身心疲惫和命运无常。正是荷马史诗的世界观形塑了西方文学和哲学的表达视域，万事万物在神的关照下具有了乐观主义精神，用神的意志解释人的意志，用神的行为解释人的行为，而事实上，也可能是相反的，但在古希腊和罗马的背景下，没有那个神的世界和自然呈现的存在，我们如何能够表达他们呢？希腊神话是哲学的家园。

---

① 〔德〕海德格尔著，孙周兴译：《路标》，北京：商务印书馆，第 181—182 页。
② 〔德〕海德格尔著，孙周兴译：《路标》，北京：商务印书馆，第 185 页。

在普罗提诺的哲学中,我们得到了神的世界的确证,这是万物有灵论的基础。我们世界是呈现的,比如:一棵生长在大地上的树,这棵树是有生命的,是生机勃勃的,散发着特有的光晕,那个让它散发光晕的东西是什么? 是这个现象背后的存在:生命。因此,现象世界的美,是通过生命的光晕表现出来的,透过这种光晕的聚集,形成的论说和描绘,成为人类心灵高贵的表达,而这种表达不是通过对我们的现象世界的描绘所能够达到的境界,它必然伴随着神的存在和自然的律动。普罗提诺说:"没有神,万物被造是不可能的,当然,神也不可能进入被造的事物中。"①如果说脱离神,表达生命的内涵,取消了神的维度,这不能被称为哲学和艺术,这是古希腊和古罗马思想的生命价值所在,生命的苦难和承受是每一个世间的人都要经历的,不是因为物质生活的无忧无虑就可以使得生命处于极度自由的状态,真正的无忧无虑恰巧是完满的精神生活,是一种神圣性的生命存在。因此,在强调现象和生命的背后,必然有着神性,这是生命和现象得以呈现的支撑,无论科技和人如何发展,神是一个人成为人的根本,也是此在生存的动力。

现代哲学已经取消了神性这样一个维度,因为现代世界专注于城邦文化的建构,在城邦的政治、经济、法律背景之中,而宗教在物质和科技极大发展的法律时代失去相应作用力。宗教为了适应时代的发展,改变了传统的生存方式,引领物质极大丰富时代的人们向善。宗教认知世界的方式本身存在着巨大的价值,我们对世界的认知只有在宗教的神秘主义的向善的氛围之中才能无限度的拓宽人类思考的境域。在荷马史诗和柏拉图的对话录之中,充斥着向神灵祈求智慧的言辞。在物质有限性和固定性的存在中,我们的思维是被固定的,在有限的创造

---

① Plotinus, Ennead Ⅳ.3.11, p.71.

和市场之中，我们是创造和被创造的，实现的是"生产—消费"链条中的存在，满足的是个体生命存在的实现，而在这种实现的过程中，人成为动物性的存在，神只作为一个附属，是生命实现其世俗目的的一种途径，因此，对世俗生活的强调实现了传统形而上学的倒转。生命的存在本来就是神性存在的呈现，体现人类的高贵本性，马克思之所以对宗教思想进行批判，不在于宗教思想本身，而在于宗教思想使人服从于资产阶级的统治，成为资本运行的无形动力，这是剥削的重要手段，造成异化、非人存在的根本，无产阶级期待救世主的降临，而现实的无产阶级处境没有根本的改变，救世主不能改变无产阶级的处境。无产阶级只能自己救自己，因此，马克思（Karl Marx）的口号为："全世界的无产者联合起来！"随着人类世俗生活价值的表述，生命的神性呈现消失了，转化成对外在世界的物质性占有。人不再与神的世界发生关系，而是陷入人与人、人与物和人与社会之间的关系之中，人的价值与占有和享受的多少联系在一起。其实，这种关系在某些程度上并不能取消神性存在，问题在于西方统治权的宣扬和获得，必须以民众拥护和支持作为基础，在不断演化的政教关系中，西方社会形成了政教合一和政教分离的问题，从而发生了作为宗教的团体和作为政治的国家之间的矛盾和冲突，在这种冲突的面前，宗教的力量与政治的力量往往都选择一种和解的方式，通过这种和解达到相安无事的状态。当政治生活不能满足公民的生活，或者公民的生活充满苦难的时候，宗教就派上了用场，这就是西方现代宗教的艰难境地，现代宗教作为政治生活的替补，与政治生活之间形成互补性的统一。然而，在这种互补性的统一之中，人处于世俗的关系中来理解宗教，在政治事务和人们日常生活的关联和获取之中，实现了神的地位的下降，实现了神的退位。神作为一个词语或者象征物，背后隐藏着权力和生命意志，实现的是世俗生活的一种掩盖，更有甚者,宗教作为统治的工具,成为非反抗性和奴性的代表。

无论是作为认识论的哲学思想,还是作为现象论和语言论的哲学思想,都是认知世界的方式,这几种方式都没有达到对世界的彻底的了悟,因为每种思想都有其特定的对象,思想一旦有对象就会被对象本身所框架,这就是黑格尔的"绝对精神"的高妙之处。关于神的认识是本体论、认识论、语言论、现象论的基础,虽然现代的哲学在这个问题上愈走愈远,已经远离了最初的神的问题,但是如果哲学要解决当下的问题,要解决人内心的疾苦和生命的安宁,就必须要回到灵魂问题,而不是在所谓的概念的缝隙的填补和概念表达内容的模糊之间游移,皮埃尔·阿多认为:哲学是一种生活方式,这种生活方式是精神的完满,我们必须在精神的领域内存在,在精神的领域内得到一种解脱和圆满,因为作为物质的人是很容易满足的,一日三餐吃的有营养、穿的舒服,对于现代社会来说,是极易满足的,然而,在精神领域之内,我们的生活不能得到有效地满足,所造成的就是恶的生活形态,各种各样的欲望横行,造成没有良知和法度的社会现实。因此,在现代生活的范围内,真正的坚持不是在外在的世界中找到的,而是在内在的自我世界之中,这也是哲学所关注的。

无论是政治哲学、伦理学和法哲学,它们归根到底所面对的世界不是外在的世界,而是内在的世界,在内在世界的圆融性的知识中,达到对外在世界的把握,这种把握当然不是对外在世界充耳不闻,而是对外在世界的变化,通过内在世界的反思和人的生命的回归得到善的前进方向。万物有灵思想在这个理论的背景之下,得到有效贯彻,因为万物有灵的观念本身所代表的是万物的价值,自然界万物本身存在的智慧,必然在其存在的呈现中得到完美的体现,而作为人的存在必然要在人的自我呈现中体现其存在的价值。如果说人类世界是各个民族几千年来的文化传承下了的固定的思维模式，而这套思维模式的价值必须在万物有灵观的面前得到检验，自然的力量和自然的智慧是人类生命的重要维度，违背自然，人类必然受到相应的惩罚，无论是作为人与人相互对抗的战争的世界，还是作为人与自然相互征服的世界，作为自然和作为人的存在仍在那里延续，任何所谓的用政治的权力和人的智慧对抗自然和对抗生命的过程都是一个非人道、违背和平和自由的世界，都是一个灾难重重的世界，任何不安分的情绪都会在民众的思维中得到发酵和扩大。

维护政权、维护法制或者维护神性，需要小心翼翼，如履薄冰地保持着一份敬畏之心，虽然现代的传媒技术使得这种维护显得过分的轻松，这份话语的轻松面对真正的生活世界时，必然要能够达到一种对公民和对世界的贡献，是需要真正的治理技术和真正的智慧。这种治理的技术必须在万物有灵的指导下完成，必须在对每一种生命的维护的前提下完成，保持大善之心来治理天下，才会拥有大的智慧，因为大善产生大智慧。这种善是对每一种生活方式的彻底的了悟以及人间生活疾苦的了悟，作为治理者的技术必须是对万物平等对待，这样才能建立起美好的政治制度、法律制度，并建构起完美的社会结构，治理术是作为政治领导者的重要课程，必须以善的观念作为指导。

在普罗提诺的哲学中，何为善？善就是了悟一切，在每一种类的范畴之中有知，这种知不是为了达到取消的目的，而是为了达到壮大的目的。因此，在普罗提诺哲学中，这种对善的了悟的统治者就是太一，就是最高的存在，是世间万物存在的本原。因为，这种最高的善的存在，每一个生命才能存在，如果最高的善是某一者的善，那么他所代表的世界就是某一者的世界，其他的存在就成为恶的存在或非存在。因此，在普罗提诺哲学的最深处，与政治哲学保持着最深的同一性，只不过普罗提诺没有明确地表达这种政治哲学，就像老子的哲学思想，一直被认为是"自然""无为"的哲学思想，然而，在这种自然无为的哲学思想的背后，我们仍能发现宇宙大化的政治之道，说他是一种政治哲学无可厚非①。普罗提诺也是如此，在其恩师阿莫尼乌斯的哲学之中，必然存在着王化之道，因为在奥里金（Origen）违背誓言发表的论文之中有一篇为《论国王是唯一的统治者》②。

现代学者对普罗提诺的论述都认为他抛弃了柏拉图和亚里士多德的城邦理论维度，确实，在他的《九章集》中没有专门的探讨，但是他对城邦的理解是深刻的，因为在罗马帝国时期的晚期，对善的探讨和对美的探讨，结合着对神的探讨更能激起民众的情感。在一个城邦衰落的时代里，讲述城邦的重要价值无异于在公民没有饭吃的情况下谈论鲍鱼和龙虾。因此，在普罗提诺的哲学之中，对城邦公民的德性进行了重新定义，在神圣的定义之下。我们发现普罗提诺对现象界的城邦政治观念还是比较了解的，因为他和罗马的元老院之间有着密切的渊源：第一，他能够跟随戈尔迪安三世远征波斯；第二，他希望借助于皇帝的友谊建设柏拉图城，按照柏拉图制定的法律生活；第三，普罗提诺的哲学听众中，有政府的议员、医生、诗人、修辞学家，涉及各行各业。如果说普罗提诺对政治世界没有把握是不可能的。然而，也许普罗提诺真正的兴趣不在于对这些外在事务的参与和研究，他也不是针对罗马帝国的衰亡做出必要的拯救，因为他认为这一切都是虚幻的，真正的存在在宇宙之中，在灵魂和理智之中。普罗提诺通过对现象世界的领悟，走

---

① 道家与法家的思想渊源颇深，韩非子即有《解老》和《喻老》两篇文章，形成了"无为而无不为""道法合一"的观念。
② Plotinus, Ennead Ⅰ, p.11.

向了我们第一节中所描绘的世界，在那个世界里，一切都是真实的，没有任何不公平，因为所有的不平等必然在不断上升中，向神而在脱去他的不平等。

在普罗提诺的哲学体系中，万物有灵就意味着万物有智，万物都有自己的生活方式，在自己的生活方式中各得其所，然而，无论是什么样的生活方式，对智慧的获取是必须的，向神而在也是必然的，人必须在理解如此的基础之上，来理解整个现象世界。

第 4 节　灵魂的二重性

在普罗提诺的哲学体系中，灵魂处于核心的地位，因为灵魂具有二重性。有的学者称普罗提诺的哲学是太一哲学。这一点，笔者是不同意的，因为太一不可说，它作为普罗提诺思考的源泉。如果用一个词语来阐释普罗提诺的哲学，笔者是：理智哲学。这一点，它受到了阿姆斯庄的《九章集》译本的影响，在英译本中，也存在着关于普罗提诺思想的神秘主义倾向，这种倾向并没有将普罗提诺的现代意义展现出来，因为 Νοῦς 在现代的意义上同样被讨论，这种讨论方式与普罗提诺的方式不同，但是普罗提诺的探讨方式是对现代意义上的 Νοῦς 的一种补充。现代意义上的 Νοῦς 始源于尼采对"上帝"的重新阐释，更倾向于生存智慧①，应对的是现象界被人的科学思维改造之后的"新现象界"的问题，因此，尼采说：上帝被我们杀死了。在我们这个"新现象界"，"上帝"没

---

① 〔德〕霍尔，海特尔，罗森穆勒主编，王旭、寇瑛译：《阿伦特手册》，北京：社会科学文献出版社，2015 年，第 318 页。海德格尔把亚里士多德的"nous"翻译成"听到"(vernehmen)。在《过去与未来之间》中，阿伦特认为："亚里士多德的'nous'，纯粹视觉的最高和最属人的能力，不能翻译为'观看'这个词，而是对理念的注视展现给柏拉图的终极真理，就像某 ἄρρητον，即不能为言词把捉的东西。"第 43 页。

有传统意义上的信仰价值①，因为"新现象界"就是"上帝"的 Noῦς 的化身，上帝将他的智慧传给了人，人窥探到了上帝的秘密，人不再需要上帝，更为根本的说是：上帝杀死了上帝。

在《悲剧的诞生》中，尼采通过对古希腊神话的分析，认为："人类能分享的至善和至美的东西，人类先要通过一种渎神才能争得，然后又不得不自食其果。"②在古希腊的神话中，存在着对"智慧"的惩罚。在现代社会，理智作为一种社会形态得到了普及，上帝的"惩罚"失去了效力。尼采将其思想转向"新现象界"，并将其表述为：超人的诞生，他用"超人"的思想取代了"上帝"的思想。叶秀山先生认为："'超人'不是一个静止的概念，而是一个动态的过程，'超人'意味着'人'是要被'超越'的，"③"尼采的'超人'不能理解为从'人'到'神'的过渡环节。"④尼采的"超人"应对"新现象界"的问题，这代表着西方哲学在走下坡路，且完成了一种整体性的表述。他的所有进路和回路都是透彻清晰的，对于专注于推进思想发展的西方式哲学来说，哲学终结了。后现代哲学的反叛仍是无助的，因为西方哲学本身处于圆融的整体性之中，接下来，应对科学技术所呈现的现象世界，以及现象世界的政治哲学和伦理学必然成为西方哲学的显学。哲学的终结代表着生活世界的开始，哲学入侵了生活世界，哲学抛弃了哲学，成为生活。

---

① 〔德〕海德格尔著，孙周兴译：《尼采（下）》，北京：商务印书馆，2010 年，第 724 页。"对虚无主义来说，'上帝死了'这句话不但表达了基督上帝的昏聩无力，也说明了人要服从的一切超感性之物的昏聩无力，这种昏聩无力意味着以往秩序的分崩离析"。
② 〔德〕尼采著，孙周兴译：《悲剧的诞生》，北京：商务印书馆，2012 年，第 74 页。
③ 叶秀山著：《哲学作为创造性的智慧》，南京：江苏人民出版社，2003 年，第 202 页。
④ 叶秀山著：《哲学作为创造性的智慧》，南京：江苏人民出版社，2003 年，第 203 页。

　　一般的哲学史都将普罗提诺的哲学说成是神秘主义哲学，借用波菲利的一句话，这只是因为"大家不懂得普罗提诺表达哲学思想的方法"。普罗提诺哲学证明的过程是理智的①，恰恰过程是普罗提诺哲学的精髓。无论是国外研究还是国内研究，从现存的资料来看，对普罗提诺的研究是不够完善的，尤其在当下的世界中，与政治哲学相关的内容得到充分而有效的研究。对真正的宗教研究，也是非常丰富的。普罗提诺的哲学思想处于政治哲学和神学系统之外，在传统的形而上学和早期非正统的基督教神学之中，虽然在他的那个时代，他宣称自己是忠实的柏拉图思想的阐释者，奥古斯丁也说普罗提诺吹散了柏拉图哲学错误的乌云。总体来说，普罗提诺却被历代柏拉图研究者所轻视，并且被一些学者斥责其思想为荒谬的。另外，在经历了尼采、胡塞尔（Edmund Husserl）、海德格尔、福柯、德里达（Jacques Derrida）以及语言哲学的助力，传统的形而上学在当今世界已经垮塌，如何理解普罗提诺是一个非常棘手的问题。因此，能否深入理解普罗提诺的哲学思想，取决于我们对柏拉图哲学思想研究的深度。从现存的文本来看，普罗提诺解读的核心词汇是：灵魂。虽然它不是柏拉图哲学思想最为核心的问题，但这是最能与普罗提诺时代精神相契合的柏拉图哲学思想。普罗提诺对柏拉图灵魂思想的解读，形成了普罗提诺的哲学思想。

　　在普罗提诺的灵魂论中，最具价值的观点是：二重性。二重性即两重视域，两重世界，一种交界。两重视域：向上与理智界合一的视域；向下现象界生成的视域。两重世界：理智界与现象界。一种交界：灵魂的伟大力量。如果缺少灵魂的维度，现象界的存在是不可能的，现象世界的智慧存在也是不可能的。

---

① 这一点，我们从普罗提诺哲学《九章集》的六卷中能够看到关于理智的阐释的努力，尤其是关于数（number）和是（being）的问题的探讨。

第一,灵魂的两重视域:灵魂的两重视域是灵魂的重要价值。从现象界的探讨出发,以人为例,因为现象界的存在中,只有人是按照"神的肖像"创造的,只不过人的智慧不及神,人有感知觉和理性这两个重要的维度。普罗提诺说:"我们通过感知和理性的本性来区分和定义事物,并把灵魂放在理智的层次之中。"①感知觉又可以分为:感觉和知觉。感觉着眼于人的外在世界和内在世界的变化。感觉通过感觉器官来实现,包括:眼、耳、鼻、舌、身,形成视觉、听觉、嗅觉、味觉、触觉,形成对外在世界影像的摄取,感官投向外在世界的表象,获取关于外在世界的表象认识,向内形成知觉和记忆,普罗提诺认为:"情感,在身体之中;知识属于感知的灵魂,知识是情感的邻居,并报告感知觉的终结,是身体感到了痛,我说'感到痛',是因为身体受到了影响。""灵魂能够感知到身体的情感,但是不受身体情感的影响,灵魂能够指出创伤和痛苦的所在位置。""感知觉本身不能被称为痛,而是被称为疼痛的知识,因为它是知识,是未受影响的,因此,它才能知晓并给出一个合理的报告。"②普罗提诺讲解了感觉和知觉的分离,知觉作为知识的价值,感觉感到痛是身体的反应,但是知觉知识能够报告痛的位置和初步判断。同时,经验是建立在对知觉作用于感觉判断的基础上的,当人第二次见到同一个事物的表象时,我们根据知觉和记忆获得对事物的认知,其实我们对世界的认知是通过呈现的表象,从"感官—表象"的联系之中建立一个声、香、味、触、法的世界③。这里面就存在一个问题:我如何知道我昨天看到的你和今天看到的你是同一个人呢? 也就是认同问题,

---

① Plotinus, Ennead Ⅳ.1[2].1, p.9.

② Plotinus, Ennead Ⅳ.4.19, p.187.

③ 〔古希腊〕柏拉图著,王晓朝译:《柏拉图全集(第二卷)》,北京:人民出版社,2009 年,第 704 页。

因为你的形体没有变化，你的表象没有变化，因此，我确定你是昨天我认识的那个你。感官感知对世界的区分是通过表象或形体，榆树和柳树的区别在榆树和柳树的表象之中已经呈现，不需要理智的知识。但是，一旦表象发生了变化，我们就不能认识这个事物了，比如戴了人皮面具，一觉醒来变成了甲虫等。当然，如果这种变化在连续性的范围内得到观察，我们也会建立起同一性认同，比如毛毛虫和蝴蝶。因为毛毛虫变成了蝴蝶，我们不能说它们是不同的事物，因为在连续性的生长之中，产生了蜕变。我们认为我们有了关于毛毛虫和蝴蝶的知识，这是不正确的。我们有的只是关于毛毛虫表象的变化过程，这是关于表象的连续性的记忆和感知。我们知道的只是一种呈现，是一种表象。但是在这种呈现的背后，是什么使得毛毛虫变成了蝴蝶？是什么使得人能够观察并总结毛毛虫变成蝴蝶的过程？我们说这种探讨进入了关于理性的思索之中，也就进入了哲学的思索之中，哲学的思索不是我们所感知到的事物，而是回到事物自身，问：为什么（τί, why）或者问：是什么？

　　当从习以为常的感知（觉）之中跳出的时候，我们就进入了一种逃脱表象的沉思之中，也就是更高一级的存在之思：理性。因此，理性是非感官感知的结果，而是对感官感知的超越，真理寓于理性之中，而非感官感知之中。然而，超越性的理性是什么？这对于中国哲学来说异常艰难。因为中国哲学根本就没有发展出确立超越感官感知的客观存在。从中国的汉字就能看出，汉字是一种象形文字。象形文字是未脱离感官感知的文字，虽然也存在着抽象化趋势。从这一问题出发，中国的美学也是在感官感知的美学范围之内的抽象和综合，比如：神、韵、味、氤氲、逸、虚、实、空、动、静等，是在感官感知综合的基础上与人的情感、品位的结合，与对象保持为一的智慧，并未发展出超越性的智慧。比如，"神"如何产生？"读书破万卷，下笔如有神"，多读书、多体悟，自然而然就有神了,讲究的是涵养,对圣人的模仿,以及基于模仿的体验性。所以,中国的文化从来都没有跳出这个世界和人的情感,李泽厚先生说是"情本体"。当接着中国文化的这种特色问"为什么?"的时候,我们就走进了寻找中国文化的本质的探讨中。普罗提诺对这个"为什么"的回答在理智之中,而中国哲学则认为:问为什么就陷入绝对不可知论中,庄子与惠子的濠梁之辩即是如此,中国哲学在寻求弥合性和圆融性。

从灵魂的两个视域的问题出发,我们发现中国哲学的重要价值在于灵魂与现象世界的关系,而不在于灵魂与理智世界的关系,因此,中国哲学最根本的价值在于生活世界,被中国学者称为"诗性文化"。与理智世界相关的哲学维度并没有在中国哲学中得到精确的发展,因此说中国哲学缺少了一个自然和人类社会"被生成"的维度,这就是为什么说中国哲学没有客观的体系性,也没有发展出清晰的逻辑来表述世界,是含混、圆融的思维方式,也就是中国哲学是"模糊的",在表象层面是儒家思想,在内在层面是法家思想,律法源于统治者制定的规则,而这个规则以儒家作为表象,并没有对超越天地自然的宇宙性哲学思想。

《庄子·天地》中有一则故事:

> 子贡南游于楚,反于晋,过汉阴,见一丈人方将为圃畦,凿隧而入井,抱瓮而出灌,搰搰然用力甚多而见功寡。子贡曰:"有械于此,一日浸百畦,用力甚寡而见功多,夫子不欲乎?"为圃者卬而视之曰;"奈何?"曰:"凿木为机,后重前轻,挈水若抽。数如泆汤,其名为槔。"为圃者忿然作色而笑曰:"吾闻之吾师,有机械者必有机事,有机事者必有机心。机心存于胸中,则纯白不备;纯白不备,则

神 生 不 定；神 生 不 定 者，道 之 所 不 载 也。吾 非 不 知，羞 而 不
为 也。"①

　　面对技术，庄子选择"非不知，羞而不为也"，中国哲学本身也"重道
轻器"，而科技作为一种生活方式，是近代的价值取向，这种价值取向是
列强入侵所造成的中国传统文化的断裂。科学技术作为第一生产力，
不是人的生活的完满性的要求，而是群体生活意志的体现。科技一方
面造成了群体生活水平的提高，另一方面也造成了个人精神生活的缺
失，"有机械者必有机事，有机事者必有机心"。用尼采的思想来说，中
国传统哲学是"大地哲学"，中国哲学在天地间形成一种特有的生存智
慧，这种生存智慧并不去探究生命之外的存在，中国并没有在大地上建
筑起天堂。然而，在西方哲学传统中，大地和天堂，野蛮和文明，智慧与
愚昧，这种二元性的区分，使得西方文明具有一种优越感和自豪感。这
种优越感和自豪感在抵御外敌入侵和侵略其他民族发挥了重要的作
用。在赛义德(Edward Said)的《东方学》(Orientalism)中，记载了西方
白种人的这种优越和骄傲。正如希腊人称非希腊人为"野蛮人"，也正
如中原之于四方蛮夷。在消灭犹太人的文化宣传中，也是这种优越性
的"文化中心主义"占据了民众的思维。在尼采那里，大地是原始力量
的象征，尼采所要寻找的是大地和天堂相互融合的人间，也就是尼采的
悲剧观念。但是在中国的文化语境中，这种悲剧观念被表述为：诗性
文化。所以，中国文化中没有西方意上的悲剧，任何悲剧都在"诗性
文化"的背景下具有合理性和美学价值。而西方哲学在泰勒斯与女仆
的对话中就形成了天空哲学，而这种天空哲学是远离大地的，普罗提诺

---

① 钱穆著：《庄子纂笺》，北京：生活·读书·新知三联书店，2014 年，第 133—
　　134 页。

的哲学同样是远离大地的。在五卷一章《论原初三本体》中,他将克洛诺斯(Cronos)比作理智,他认为:"理智充满着它生产的存在,并把它们吞噬,把它们保持在自己之中。因为它不想让它们陷入质料之中,不想让它们在大地之神盖亚的房子里成长。"①从这里我们看到普罗提诺对神话的解读,以及对理智和非质料性文化的推崇。然而,在赫西俄德(Hesiod)的《神谱》(*Theogony*)中,生成是从大地开始的,但是,从泰勒斯开始,西方哲学源头却将天作为一种神性的象征,将大地之下作为地狱之神塔尔塔罗斯(Tartarus)的宫殿。因此,西方哲学文化总体上是天空哲学,遗忘了最初的大地文化,泰勒斯是天空哲学的始祖。中国哲学是大地哲学,强调生生不息的生命之创造,而西方哲学讲究回归神的国度。中国讲成圣贤,西方中世纪哲学讲如何抵达神。因此,中国哲学密切关注现象界和人的情感,现象界的存在相对永恒,人的情感存在也相对永恒,因此在面对这两个永恒的世界的时候,中国哲学实现了它的连续性和永恒性的主题。如果不是西方的入侵,改变了中国的社会现实,中国文化是不会陷入与自然天地的分裂之中的。

中国文化的巨大价值在于与自然保持为一,在与自然变易的认同之中达到对世界永恒本质的认识,形成"游"的文化内涵。在普罗提诺的哲学体系中,灵魂向着理智界回归,得到的是什么?恰恰形成的是不变的永恒,赫拉克利特和巴门尼德的哲学思想对柏拉图产生了重要的影响,寻找变背后的不变成为柏拉图"智慧"的象征,但是,这个问题探讨的模式并没有使得西方哲学进入一个"死胡同",而是进入了另一种存在之中,就是理智的世界和本原的世界之中,形成了世界之所以如此的本原性价值,走向了形式、数、质、量、关系、模型,形成对

---

① Plotinus,Ennead V.1.7,p.37.

世界的精确性判断，从而将现象世界从"被生产"的角度进行了深入的研究。这一点，我们可以从早期古希腊哲学和普罗提诺的哲学中得到深入理解，更能在西方现代精确的自然哲学和政治哲学中得到启示。

第二，灵魂的两个世界：一个是现象界，一个是理智界。现象界是灵魂下降所形成的世界，包括：宇宙、自然、动物、植物和人的世界。现象界每日都在更新，我们称之为自然物理世界，而更新的根本在于理智界。对于人的认识来说，现象界本身也是本体，人永远在感知现象界的一个面，而无法得到现象界的圆满的整体性，因为现象界的圆满的整体性是"太一——理智——灵魂"的呈现，而人处在现象界的存在之中，受缚于身体，在感知、经验和体验之中。宇宙、人、动物和植物都是"太一——理智——灵魂"的呈现，人在回归自身的过程中，就是回归共同的本体，而人的回归也必然夹杂着感知、经验和判断，因此，人的回归只是作为人这个物种，回归到"人的理智——灵魂"，普罗提诺在四卷四章《论灵魂的难点 II》中，开篇就问："当灵魂进入理智的世界之中时，与高级实在在一起时，灵魂将记住什么？"①如果灵魂是物理世界的本原，那么灵魂并不能记住什么，它只负责生成与回归，灵魂的记忆在于此世存在的人，它们记住了祖先因行为的高尚和思想的纯粹而为整体人类生活的改善所做出的贡献。

"理智——灵魂"本身是一整全的存在，是整个现象界呈现的本体。在本体生发和回归本体的过程中，最为明显的存在是生长在大地上的植物。植物是自然界中最简单的呈现，"道成肉身"在植物界非常明确。一个科属的植物就是这样的形态特征，植物的每片叶子的生发都具有

---

① Plotinus, Ennead IV.4.1, p.137.

规律性,是植物的"理智—灵魂"的呈现,虽然植物本身也需要阳光、温度、空气、水、土等外部条件,但这些都是宇宙自然环境本身,植物生存于其中,植物本身是什么? 普罗提诺将其追溯到植物的灵魂,大地的生成性本原。动物与植物相比,具有身体的感知反应和基础判断,但动物本身局限在动物之内的存在,动物没有形成观念的世界,居住在观念的世界之中。因此,人的复杂性远远超越于动物,因为人居住在自己的观念世界里。动物的复杂性超越植物。动物依赖于植物,人依赖于动物和植物,植物是自然而然的大地的生成,动物是为身体和繁殖的目的而生存。人不单单这样,人还为自己的观念而生存。人与人本身分离,脱离了人的动物性,却没有进入人作为整全的"理智—灵魂"的呈现之中,而进入了人的观念之中,这种观念我们称之为人的理性。启蒙之后,西方哲学把人的理性与"理智—灵魂"画了等号。当下的科学研究仍然延续着这样一条道路,对动物、植物、人和宇宙的认识,仍然在理性的范畴之中。对启蒙以来的反思集中于:理性的有限性在于理性并不是"理智—灵魂"本身,因为"理智—灵魂"本身只有通过现象界的呈现才能发现其规律,规律是人的理性发现。人不能变成一种动物和植物,人外在于动物和植物,人通过观察、分析、推理和判断让宇宙、动物和植物的呈现符合人对现象界的把握。

　　早期古希腊哲学不是对现象的描述,人本身并没有异于现象界的呈现,人、动物和植物,甚至非生命物、石头、土块,都是向着某种存在而存在的。在普罗提诺看来,人类的感知、经验和体验,向着某种现象界的主宰者。早期文化的认知是一种对自然力量的崇拜中形成的,随着认知的不断深入,一种膜拜的视角逐渐从人类的视野中消失,在不断实践的过程中,实现了对原始世界的"祛魅",逐渐抬高人的认知的重要作用,形成了固定的认知模式,当然,这种认知模式的建立是漫长的,也并非完全正确。这种认知模式与西方的神话观念的原始思维有着密不可分的关系。现代世界往往以人的感知为中心形成"以人类为中心"的文化认知。

在普罗提诺的哲学中，普罗提诺对"乌拉诺斯（Uranus）—克罗诺斯—宙斯"的神话统治，做了一种结构性的分析①，在这种分析的过程中确立了三本体的文化表述，以卡俄斯为中心的原始性和生成性力量，以克罗诺斯为代表的理智文化的饱足性和生产性，以及以宙斯（Zeus）为代表的灵魂文化，从而确立了从神的世界到人的世界的探讨，因为人的世界出现在宙斯的统治之后，这与普罗提诺的哲学思想保持着同一性结构。当然，这种神话的思维模式主宰了古希腊的哲学思想，从而产生了神圣思维和哲学思维的内在同一性结构，这在普罗提诺哲学中达到了完美的统一。如果说柏拉图在《理想国》卷三之中对荷马史诗的批判确立了神和人的世界的分离，那么普罗提诺的哲学思想是古希腊神话与古希腊哲学在结构上的完美结合，从而发展出完美的宇宙论来应对罗马帝国时期的早期基督教文化。这种神话结构体现在两个非常重要的问题上：潘多拉（Pandora）的盒子和美神阿芙洛狄忒（Aphrodite）。潘多拉集上界所有的神的智慧和美貌，但却不是真正的神，人类受她迷惑，灾难重重，最终连希望也消磨掉。美神阿芙洛狄忒在上界是纯洁的，到了下界就成了妓女的象征，可见现象界的存在是执着于肉体欲望的，上界的存在是理智的，上界的美是下界的美的原型，下界的美忘记了上界的美的真正含义，因此，在下界的人类生活是混乱不堪，没有透彻的领悟。在上界，一切事物都是了然的，有秩序、文明、理性、法则，万物相安无事。

———————————

① plotinus，Ennead Ⅴ.1.7，p.37、39.

普罗提诺借助这些神话思维生动地讲解确立了两种朴素的文化内涵,然而,在以人为中心的文化确立以来,上界与下界的文化内涵就转化为人的思维结构中的感性、欲望和理性,三者互相产生影响却不能相互取代,形成了人在世间的两种重要的存在维度,应对这三者存在建立起了人文和科学两大领域,这是西方灵魂文化的重要功劳,早在亚里士多德的《论灵魂》(De Anima)中就确立了"灵魂作为第一重要的知识"[①],这与中国灵魂论中的鬼神信仰是千差万别的。恰恰是灵魂论,让西方文化在另一个空间中建立起"存在"(being)的根基,并认为那才是真正的世界,有些人认为:哲学是向死而在,这个"向死"就是向着超脱肉体的灵魂而在,这是一个庞大的宇宙形而上学的思考。欧洲十七、十八世纪的哲学就在虚构的力量之下得到了有效发展。当然,现代西方哲学对灵魂问题逐渐失去兴趣,原因在于人的发现以及科学技术的大力发展。如果把以人的研究为中心作为一种思想的胜利,认为是文艺复兴和启蒙运动的重要成就的话,那么经历了现代主义和后现代主义的洗礼,对人的文化的强调所带来的理性、道德、权力、法律、结构、反结构、解构、国家、社会、感性、美、救赎、反抗等存在方式的探讨,无疑支离破碎,更失去了人与人之间其乐融融的浪漫主义想象,陷入一种彼此猜忌、利用与被利用的政治和经济的圈套之中,并以多元化的视角来反观同一性所带来的毁坏性力量,这方面尤其对二战的反思最为显著,而美国作为二战的受惠国,无论从政治、经济,还是从科技、文化来看,都建构了多元力量纠结的社会存在,并将其内化为"美国精神",这种具有普遍性的"美国精神"是以灵魂精神和宗教精神作为强大的后盾,并将法律和政权建立在这种普遍性的"美国精神"之中。因此,现代的灵魂

① 陈中雨著:《灵魂作为第一重要知识——亚里士多德〈论灵魂〉解读》,《太原师范学院学报(社会科学版)》2016 年第 1 期。

文化并不是消失了，而是内化成为国家和社会的存在形式，与早期的灵魂文化相比，灵魂问题成为隐藏在社会结构内部的无意识的潜在力量。

早期的灵魂文化主要致力于人类无法解释的外在现象世界，陷入对世界迷狂的崇拜之中，建立起"巫术—神话式"的思维方式。灵魂在对无法解释的世界现象面前、膜拜中达到了恐惧情绪的释放。随着人类认知的逐步成熟，这种恐惧的情绪得到了缓解，人类也胆大了起来。当自然"黔驴技穷"的时候，人的认知就无穷尽地对自然资源进行掠夺和开发，以满足人类在世间短暂的生活，这种短暂的生活又以种族的繁衍确立了长久的统治性。神的世界不断隐退，关于畏的文化也在科技的面前变得消失殆尽。如果说科技左右了人的感性和理性，那么灵魂问题必须在超越科技的基础上得到进一步的发展，因此，在科技昌盛的时代，关于灵魂问题的深入研究是解救人类困境的重要维度。当今哲学的发展以启蒙以来的"现代性"作为根基，大力倡导科学和理性，但是，面对科技世界，西方哲学和整个社会却一直潜隐一种对抗"现代性"的力量。在科技之初，西方的现象学、语言哲学、解构哲学、生态哲学，就形成了对科技发展的制约。一百年前的中国有识之士积极引入西方的科学和民主的思想来应对中国落后的面貌，一百年后的今天，当科学和民主在中国的大地上生根发芽，准备迎接这场革命性的变化时，自然环境和生态环境却来向我们复仇，这是我们片面的引进西方科学的结果。西方的思想是一种整体的制约性关系，脱离西方的境遇，在另一种文明中发展必然要遭遇到不可预测的结果，因此，必须充分考虑到文化相对主义的重要意义。

西方哲学和科学的制约性关系是应对现实发展的重要的二元力量，当科学思维成为外在世界的呈现方式，关于哲学的面向的问题就必然出现相应的变化，以提供生存的智慧，来超脱外在世界对人的生活和行动的束缚。从西方哲学的发展路径来看,哲学并未超出对现象界的关注。在哲学的发展过程中,理智不断地转变为科学,通过数学、物理学、天文学、生物学、医学、农学的研究渐渐的从内部消解掉了灵魂,只剩下理智的问题。因此,重提灵魂的问题,是对西方科学哲学片面发展的纠正,强调对世界和对生命的敬畏之心,也是从普罗提诺哲学出发,对西方哲学的发展做出的反思和研究。

第三,一种交界:在普罗提诺哲学中,灵魂是交界处的存在,一方面进入理智界,一方面进入现象界。因此,它是交界和综合。一方面,它综合了现象界,是现象界存在的原因;另一方面,它通过与理智界的合一产生关于理智的视域,形成纯粹性存在。这种交界超出了现象界,进入了世界生成的角度,我们只有通过反观内视,达到影像上的回顾,但是我们之中的灵魂比起真正的灵魂微弱得多。我们要把我们中的灵魂达到宇宙认同的高度,才能得到相应的视域,达到相应的境界,解决相应的问题。因此,灵魂的交界不是指个体的灵魂,也不是宇宙的灵魂,也不是指大全灵魂,而是本质灵魂,本质灵魂是这些灵魂的基础,这些灵魂因本质灵魂的存在而存在,本质灵魂具有双重视域,它本身就是双重的,它本身的双重性是因为太一流溢的减弱,更为灵魂本身脱离太一和理智提供了可能性,也为现象界的生成找到了原理。因此,在本质灵魂之后的灵魂是现象界的灵魂,现象界的灵魂是微弱的,是本质灵魂的影像,就像下界的光只是上界的光的影像,所以,在下界万物都变得不清晰、不明了,只有向上到达理智界,才会通透和明了。灵魂就是交界,当灵魂感知到来自理智和太一的召唤,回归到太一和理智的怀抱之中,灵魂就得到了永生,世界因此而变得宁静。

综上所述,灵魂的二重性确定了灵魂的重要价值,但是其作为现象界多种灵魂存在的基础,也确定了现象世界研究的理智维度,灵魂具有向上和向下的双重视域，形成了灵魂问题的复杂性，面对现象世界的多元化以及人的感知方式和思维方式的多元化与理智化，关于现象世界的研究逐渐的取代了关于灵魂以及灵魂以上的世界的研究，我们目前的研究视域实现了对传统灵魂和理智问题的逆转，这种逆转是伴随着科技和人的认知的完善性而不断地得到确认的，并在世俗生活中大行其道，现象世界的神性研究，是科技时代人类清晰认知自我的重要维度，也是摆脱科技奴役的重要途径。

在梳理了普罗提诺的太一、理智、灵魂的基础之上，本章对普罗提诺的宇宙论和灵魂问题进行了简要分析，从本体界和现象界的复杂关系入手，说明了普罗提诺关于世界本原的研究，对神秘主义的普罗提诺哲学做了深入研究，认为神秘主义哲学是西方科学和形而上学的基础，为西方社会的发展提供了重要的动力。面对科学技术如此发达的西方社会和正在发展中的中国，要解决环境、人口、资源等问题，仍要回归到灵魂的视域之中，要发展出超越"身体"吃喝玩乐的理智文化，是提升"智力和生活质量"的生态思想。

第 3 章

美与美本体：灵魂回归
本体界的动力之一

上一章探讨了普罗提诺的哲学体系，以灵魂问题为根基，探讨了灵魂上升和灵魂下降的问题，建立起了本体界和现象界的区分，这个问题的探讨之所以能够成立在于已经发现了普罗提诺的哲学体系的基础之上做出的重要研究。我们，作为人的存在，生活在这个现象的世界之中，本体界是否存在？如何能够回归本体界？本体界存在的动力在哪里？普罗提诺为什么能够建立起这样的思维方式？这关系普罗提诺的哲学体系中最重要的三个问题：美、善和辩证法。因此，从本章开始，分别来探讨这三个问题，本章集中于美的问题。大体的思路是将古希腊关于美的思想放在历史的叙述和观念的叙述之中，探讨"美"的问题的历史演变和观念演变，将普罗提诺的美的问题放在古希腊"美的问题"的语境之中。

第 1 节　普罗提诺之前的"美的问题"

　　要追溯古希腊关于美的问题的起源，我们不得不进入古希腊的神话体系中,当然,如果专门探讨美,并将美作为对人们日常生活的装饰和向神圣世界的溯源,可能需要史前考古出土的文物来进行考察,因为本章的主要目的不是为了做这种探索,因此,对美的研究只是从"美作为一个问题"的方式来考察,因此,我们从古希腊的神话观念入手,经过前苏格拉底时期的哲学家,柏拉图、亚里士多德、伊壁鸠鲁(Epicurus),勾勒出古希腊美的问题系统发展史,最后以普罗提诺的美的问题作为终点,在历时和共时的角度上来阐发普罗提诺的美的问题。

美的问题的起源,如果将美的问题与装饰的问题联系在一起,最初的美的问题一定是与掩盖①有关,通过对原始生活环境的考察,美绝对不是显示,因为在原始的生活环境之中主要的活动是狩猎、探险,都伴随着一种危险,而"掩盖"的技术恰恰是能够获得食物和保存生命的重要技巧。如果说最初的"掩盖"是通过实物来完成的,那么这种掩盖在实践的过程中不断地退化为与身体相关的技术:铠甲和盾牌;面具和文身。前两者的隐藏发展出关于战争、科学的技术,后两者的隐藏发展出神秘、文化的技术,这两种技术都实现了一种掩盖,是对生命的保护。人(persona)是透过(per)面具发出的声音(son),换言之,人是隔着面具说话的②,人是"面具之后的存在",因此,对人的考察就在"面具"的文化之中,这一点在原始文化之中就已经确立了起来,只不过现代人的面具越来越多,并越来越多被内化为意识层级性存在,在荣格(Carl Jung)的概念"集体无意识"中体现得最为完善。福柯本身致力于对面具后面

① 掩盖问题不但是远古社会的一种生存方式,同样是现代社会运动和社会管理的重要形式。掩盖以及被掩盖的存在之间的矛盾,是一切社会问题和文化问题的起源。〔美〕阿拉斯戴尔·麦金泰尔著,宋继杰译:《追寻美德——道德理论研究》,南京:译林出版社,2011年,第137—151页。
② 〔法〕米歇尔·福柯著,佘碧平译:《主体解释学》,上海:上海人民出版社,2010年,第1页。

的真正的人的发现，而真正的人本身也可以在面具之中显现。因此，福柯的研究是一种后退式的研究，他想通过对人的考察建立起研究的根基，但这个根基本身是无止境的倒退，福柯将其表述为"考古学"的思维方式。

从原始文化的角度来看，关于美的问题必然在实用之中。盾牌和铠甲、面具和文身都是一种隐藏的技术的遗留，这种隐藏实现了安全感，在战争中的铠甲和盾牌都是对身体安全的保护，在日常生活中面具和文身是对灵魂安宁的保护，铠甲和盾牌象征着男性的重要地位，而面具和文身却不限制男女，而在某种程度上是一种神秘体验式的文化。当然，在这个文化转换的过程一定是漫长的，也许存在着偶然性的因素，但是跟原始社会的精英和部族首领密切相关。原始的掩盖技术代表了既隐藏又显现的形式，这种隐藏意味着对我的主体性的隐藏，而显现则是取悦于神，通过神赋予无尽的能力，获得足够强大的力量。如果将原始的"掩盖"技术所建立起的文化认为是美的，那么，在原始的隐藏技术之中所产的文化内涵之中就具有了"美的意识"，虽然这种"美的意识"是无意识的呈现。而将"美的意识"变成"美的问题"，仍需要漫长的历史。据目前掌握的资料来说，最早关于美的问题的探讨应该在神话思维之中，让我们来考察一下关于美神的神话，看一看美神的神话与原始文化中的"掩盖"技术是否有一定关系：

第一，古希腊神话中的美神：阿芙洛狄忒。关于古希腊的神话在赫西俄德的《神谱》中有明确的记载，这也是我们能够发现的最早的古希腊关于神的谱系问题的追溯，当然在荷马史诗以及其他残篇中也能找到关于美的概念，但是系统介绍美神的诞生以及职能的著作是《神谱》。《神谱》之中美神的诞生是一个寓意，因为美神是在乌拉诺斯被克罗诺斯阉割，其生殖器掉入海中溅起的泡沫中诞生的一位少女，《神谱》

中说："无论是最初出生时，还是在进入诸神行列后，她都有爱神厄罗斯和美貌的愿望女神与之为伴。她一降生便获得了这一荣誉。"①这是个非常有寓意的神话，因为在古希腊的神话中生殖力量是统治力量的基础，神权的建立和推翻，是对生殖力的剥夺。在克罗诺斯剥夺了乌拉诺斯的统治权之后，美神阿芙洛狄忒诞生了，因此，美神在两种统治权的交界处诞生，深层的寓意也包含了美神的诞生在克罗诺斯的统治权建立之时。这与普罗提诺的美学思想保持一致，因为，普罗提诺将"乌拉诺斯—克罗诺斯—宙斯"的统治对应其哲学体系中的"太一—理智—灵魂"，并将美的问题追溯至理智之美的本原之中，在普罗提诺看来只有在理智之中，美才是原初的，饱足的②。

我们看到，一种政权的遗留就是个人欲望外化的美轮美奂的宫殿以及统治者的个人享受。因此，美必然和实用、专制的统治权力联系在一起，必然是跟领导者的个人欲望有着密切的关系，通过神圣的统治权抵达个人欲望的满足。美是通过这种外在化的客体表现出来。当一种政权被推翻之后，作为欲望的主体消失，而美作为统治者的权力和欲望的外化形成的客体，仍然得到保留。在这种遗留的问题上，美就成为无功利的对象，成为人们称赞的对象，在那"真美啊"的称赞中，一切劳苦和艰辛都被抛弃，一切压迫和剥削的历史都被遗忘。蛮力可以摧毁人类精心建立起的精致城邦，然而，这种蛮力却在精致的美面前倾倒，因为，统治权建立起的"真美啊"，是所有统治者的荣誉。美是统治者的生命的荣誉，是征服自然和其他人的成果，毁掉一个没有美的文化的种族是容易的，因为美代表稳固的统治权的外化，美也必然游离于统治权之外，是每个生命体的追求，因为在"美"中，生命体安逸和舒适，是

---

① 〔古希腊〕赫西俄德著，张竹明译：《神谱》，北京：商务印书馆，1991 年，第 32 页。
② Plotinus, Ennead V.1.7, p.37、39.

超脱自然人的标志，是自足的生命存在的标志。美征服了征服者，因此，美一生下来就享有与爱神和美貌的愿望女生相伴的荣耀，并与统治权相关。

从专制到民主，在古希腊的神话系统中就已经完成了其转变，在现实的世界中，这种转变却不是很容易的。其中奴隶制是民主制度得以发展的根基，如果没有早期的奴隶文化，古希腊的精英们不会有大量的闲暇时间在广场上进行讨论，也不会发展出如此富有智慧的关于人、世界、城邦、政权、法的观念，虽然这些观念在一段时期内，仅仅作用于城邦的公民。但是，随着人类科学技术和思想观念的发展，以及社会精英团体思想的逐步开放，这种精英的文化观念不断地惠及整个人类群体。在克罗诺斯推翻乌拉诺斯的政权的过程中，遗留的问题就是美，这个美是原始文化的遗留，它代表了人类通过权力和欲望所建立起的文化，是最精致的存在，也是政权为后代所留下的最宝贵的财富。因此，从《神谱》中美神的诞生，我们通过深入的解读发现：美和欲望结合在一起，欲望包括生殖欲望、权力欲望。当美的建立者被取消，美通过客体化的形式遗留幻想和泡沫，然而，这种幻想和泡沫却为人类生活提供了重要的指导意义。

第二，柏拉图的美学思想。柏拉图的美学思想主要体现在《大希庇阿斯篇》(Greater Hippias)，因为这篇文章的主题是："美是什么？"显然，"美是什么"的问题已经脱离的神话思维和感性思维，也与实用和政权无关，而是在理智的层面上来谈论美。在《大希庇阿斯篇》中，柏拉图已经确立起"理智—美"之间的关系，他确立的方式是通过一系列的否定性的论断，提出现象界的美，然后否定，提出新的美的问题，直到无穷无尽的逻辑推演，柏拉图最终给出了一个终极答案：美是难的。当美与理智相关联的时候，美的确是难的，因为理智本身根本就无法把握感性美。在《大希庇阿斯篇》中，以"正义"问题为切入点，正义是使得事物变得正义的根本存在，正义是真正存在，而所有美的事物也是通过分有美而存在的，那么"美是什么"？苏格拉底与大希庇阿斯通过一系列问题的探索，比如：美是漂亮的女孩子；美是黄金；美是合理的分配；美是有用性；美来源于听觉和视觉；美与快乐关系，等等，但是在柏拉图的追问之下，都露出了破绽。柏拉图与大希庇阿斯的对话，显示了大希庇阿斯不善于纯粹理智的分析，而是比较注重实践智慧的追求。在开篇中，苏格拉底提出："美是什么"这个问题的时候，大希庇阿斯说"这不是一个大问题"。整篇对话是对大希庇阿斯的这个观念的回应，而最终形成"美是难的"①这种论断。但是在对话的过程中，关于"美是什么？"的问题，确立起了美和正义的相似性，"正义是使得事物变得正义的存在"等于"美是使得美的事物变得美的存在"。因此，美的问题和正义的问题放在了同一个层次上来理解，共同归属于理智的范畴。如果说柏拉图在《大希庇阿斯篇》中确立起了"美是什么"的问题，而美本身就和理智问题放在同一个层次上来进行研究，美的问题应该放在感性的层次上，还是放在理智的层次上，是有其层次性归属的，而柏拉图在《大希庇阿斯篇》中所确立的"美是难的"显然是将感性美放在理智的层次上所做的探讨和研究。在《九章集》中一卷六章《论美》(On Beauty)和五卷八章《论理智之美》(On the Intelligible Beauty)中，普罗提诺将感性和理智做了进一步的区分，并确立了感性和理智两个层面的美，但是他与柏拉图保持着内在的一致性，他也否定了感性层面的美。

从柏拉图的《大希庇阿斯篇》出发，美是感性的存在，却要进行理智的表达，形成的是对规则和原理的探讨，这种探讨模式是没有真正

---

① 〔古希腊〕柏拉图著，本杰明·乔伊特译：《柏拉图著作集 1》，桂林：广西师范大学出版社，2008 年，第 346 页。

的把握到美的事物，美学作为感性学的建立，是另一个重要的问题。而哲学对美的问题的探讨中，柏拉图要把美的问题拉入理智界，然而，柏拉图在《大希庇阿斯篇》中对理智界本身的探索却是不清晰的，普罗提诺的理智界是清晰的，因此普罗提诺能在两个层次上来论说美的问题。

第三，亚里士多德的美学思想。亚里士多德的美学思想是与亚里士多德的哲学思想紧密地联系在一起的，他的美学思想与生命问题紧密相连，置于灵魂问题的探讨之中。因此，在亚里士多德的美学思想中有一个重要的概念：净化(ΚάΘαρις)。净化本身不是理智的，不能用理智的存在来达到净化的目的，而净化的主体和对象分别是什么？这是一个颇为复杂的问题。净化是身体的问题，还是灵魂的问题，用什么来净化？为什么人的身体或灵魂需要净化？

古希腊的神话"狄俄尼索斯之镜"提供了一种解释，这面镜子是野蛮之神泰坦(Titan)的玩具，它引诱了孩童狄俄尼索斯-扎格柔斯(Dionysus Zagreus)，泰坦将狄俄尼索斯撕碎，并吃了他；这之后，宙斯用雷电摧毁了泰坦，人形成于泰坦的灰烬。因此，我们之中包含着一个"泰坦的"，属地的、邪恶的因素，同时也包含着神圣的狄俄尼索斯，他必须通过净化才能被释放①。

净化的重要的方法是专注和神秘体验，达到一种对情绪和体验的缓解，而这种情绪和体验是非可知性的，因而体现为神秘性。如果说柏拉图通过美与理智的探讨，确立了美的逻辑性问题，那么亚里士多德通过美与生命的净化的探讨，实现了美与生命之间的关系。如果说生命是很多情绪堆积起来的存在，那么每一种情绪都会产生相应的人

---

① Plotinus, Ennead Ⅳ.3.12, p.72, p.73.亦可参见：吴雅凌编译：《俄耳普斯教辑语》，北京：华夏出版社，2006 年，第 67—73 页。

生问题,一个人无时无刻不在一种情绪的范围之中,高兴、悲伤、幸福、平静等,如果说人是理性的,但这种理性在人的情绪之中暂时无能为力,理性常常是处于反思的状态之中,因此,情绪在现实的意义上控制着人的生活。所谓净化,就是要达到平静适中的状态。亚里士多德认为悲剧具有净化的作用,罗念生先生认为:"亚里士多德认为悲剧的卡塔西斯(Κάθαρις)作用就是使它们成为适度的情感。"①净化是什么? 一方面,可以专注于人本身,达到一种"不以物喜,不以己悲"的状态;另一方面,可以专注于神的世界,达到对神圣谛听的状态:前一种状态是修养身心;后一种状态是抛弃身心,抵达神性,能够提供这种状态的方法是音乐和体育。在古希腊人的生活之中,还有狂欢和宗教仪式。为什么在古希腊的世界之中会形成这样的文化? 因为古希腊的文化是外求性文化,是城邦文化,是一种公共文化和生活。在公共的文化和生活中,情绪是被理性和理智压抑的,要抛弃掉所有不合时宜的情绪,达到对城邦秩序和城邦统治的稳固,但是,当人们内心充满痛苦的时候,他们会来到神庙乞求答案。城邦也会定期举行节日形成人们对城邦生活的期待,因此,在神庙的神圣性求解与城邦节日的身体性解放,形成了古希腊人日常生活的神圣和世俗两个维度以应对城邦统治与理智文化对人的感性压抑的解放。因此,公共活动是西方文化的重要组成部分。净化也伴随着西方的宗教文化和节日文化,形成了重要的宗教问题。净化的问题一定是伴随着对生命的敬畏,以及对神性的向往。亚里士多德通过对希腊悲剧的考察,建立起了关于"净化"的观念。悲剧实现了人们日常生活的净化,实现了对人的情绪的疏导。

---

① 〔古希腊〕亚里士多德著,罗念生译:《诗学》,北京:人民文学出版社,1962 年,第 110 页。

　　第四，伊壁鸠鲁的美学思想。伊壁鸠鲁的美学思想以原子论为中心，认为美的最高境界是静观和不动心，伊壁鸠鲁的哲学是快乐哲学，他并没有城邦文化的束缚，也没有神学文化的束缚，是最早的唯物主义思维方式。在《写给美诺俄库的信》(Letter to Menoeceus)中，伊壁鸠鲁对快乐进行了定义：

　　　　当我们说快乐是目的时，并不是指放荡的快乐和肉体之乐，就像某些处于无知、偏见或蓄意曲解我们意见的人所认为的那样。我们认为快乐就是身体的无痛苦和灵魂的不受干扰。构成快乐生活的不是无休止的狂欢、美色、鱼肉以及其他餐桌上的佳肴，而是清晰的推论，寻求选择和避免的原因，排除那些使灵魂不得安宁的信念。①

　　伊壁鸠鲁否定了快乐的身体享受，认为快乐是身体的无痛苦状态和灵魂的不受干扰，还有清晰的逻辑，选择和逃避一些事物的原因。这些观念作用于日常生活，具有重要的价值，卢克莱修在《物性论》中阐释了伊壁鸠鲁的哲学思想，但是在普罗提诺的哲学中，他批判了伊壁鸠鲁的哲学思想，他认为伊壁鸠鲁的思想使人满足于现状，没有认识到事物的本质，没有把人提升到神圣的境界。

　　从以上的论述可以发现，早期作为"掩盖"建立起的"无意识的美"发展出美作为一种神秘性存在的文化，体现了美的两个重要层次：一个是实物的；一个是精神的。在不断地理性化的过程中，对美的认识不断地被提升到理智的层面上，在理智的层面上认识"美是什么"，从"美

---

① 〔美〕大卫·福莱主编，冯俊等译：《从亚里士多德到奥古斯丁》，北京：中国人民大学出版社，2004 年，第 247 页。

的意识"演变为"美的问题",美本身就脱离了现象界存在,形成了词语和概念,在词语和概念的捕捉和表达中,建立起了美学体系,而这个体系与现象世界的关系是解释的,它代表了人类对世界思考的深入性。尽管我们不时宣称体系可以创造世界,然而,事实是,我们的体系世界与现实呈现的世界越来越远,于是,有的学者在美的问题上,走进了现象世界本身,用人的情绪和色彩、声音、绘画和音乐来传达美,不断地在现象世界之中寻求认同。

第 2 节　普罗提诺的美学思想研究

普罗提诺的美学思想,集中在《九章集》的一卷六章《论美》和五卷八章《论理智之美》中。根据波菲利给出的普罗提诺文章写作顺序,《论美》是普罗提诺的第一篇文章。在简介中,阿姆斯庄认为:"这并不意味着是普罗提诺所写的第一篇文章,无论是古代还是现代,这篇文章是阅读量最大、最为著名的篇章。与《论理智之美》一道,这两篇文章代表了普罗提诺最原始最重要的美学哲学。这两篇文章展现了普罗提诺如何理解物理美与道德美之间的关系,并且认为它们都源于形式的世界、原理的世界和善的世界的理智之美。"[1]从物理世界的美到理智世界的美,普罗提诺通过客观世界的分析,进入了世界之为世界的美的呈现的原因之中。

在《论美》中,普罗提诺开篇就说:"美在视觉中,但是它也能在我们听到的事物中找到,在单词的组合中,在音乐之中,在所有的音乐中(不只是歌曲);因为韵律和节奏具有特定的美。那些产生于生命的感知

---

① Plotinus, Ennead Ⅰ.6, p.231.

觉、行动、性格和智性活动也是美的,这里有德性之美。如果有任何美在这些之前,它本身将会显现(在讨论中)。"①在《论理智之美》中,普罗提诺认为:"[美的第一原理]是理智,一直是,不是有时是理智,因为美本身不是外在的。"②因此,普罗提诺的美学思想一方面有关于有形世界的论述;另一方面有关于理智界的论述。

普罗提诺将美的问题区分为感性美、德性美和理智美三大方面,但是他将感性美与快乐、痛苦、悲伤、欲望等灵魂的低级存在以及恶等概念联系在一起,认为感性美应该走向高级存在:德性美和理智美。他认为美的本原在理智之中,感性美是理智美的倒影,德性美是人的现实生活应该的样态,从感性美到德性美再到理智美,构成了普罗提诺灵魂回归美本体的动力。从普罗提诺哲学体系来看,美的本体的发现以及回归美的本体,是普罗提诺的本体论美学思想。

一、感性美：现象界的美学

在普罗提诺的哲学中,感性美是后天的,因为感性与身体相关,是现象界的美,是呈现之美。但从我们的世界出发,感性美却是在先的,因为我们最先看到美丽的现象,惊呼世间竟有如此的美。在人的范围之内,什么美,什么不美,必须以感知为基础,如果没有感知的基础,现象界就没有美的存在。感知一定被区分为主体和对象,感知的对象是现象界的存在,通过感官系统形成感知,从而形成色彩、声音、味道、形状、空间、运动,对外在现象界的把握,这种把握通过记忆形成对方位和空间,形状和颜色的描述,达到与现象界外观呈的一致性,这是语言的描述性功能以及传播功能,这种功能确定了最为粗浅的对世界的把握

① Plotinus, Ennead Ⅰ.6.1, p.233.
② Plotinus, Ennead Ⅴ.8.3, p.247.

方式。

上述对呈现的世界的把握方式是日常生活把握的主要方法，也是最有效的方式。日常生活的交流和对话就在这种方式之中，如果美是日常生活的呈现本身，它针对的是日常生活的枯燥无味，而应对的方式仍然是在日常生活之中，人并不能跳出日常生活。在人的世界中，应对声音，形成音乐文化；应对色彩，形成美术文化；应对味觉，形成美食文化；应对形状，形成几何和建筑文化，等等。这些应对让人的日常生活处在美之中，普罗提诺哲学并不处理这种日常生活文化，虽然也讲声音之美，节奏、韵律之美，但是他认为："这个世界的事物是美的，通过分享形式，因为无形状自然的能够接收形状和形式的事物是丑的，在神圣的形成力量之外，它没有分享形成的力量和形式，这就是绝对的丑。"①在普罗提诺看来，日常生活的世界是分享了神圣形式的世界，但是日常生活世界也处于质料和形式，美和丑的束缚之中，并不是至美。他认为："美的身体形成存在通过分享来自神圣形式的形成力量。"②至美并不在美的呈现之中，而在美的本质之中，普罗提诺要回归至美的世界。

日常生活世界是一种指向现象界呈现的把握方式，处在美丑二元性之中，中国哲学非常专注于对自然地呈现的言说，目的是通过对自然的言说来把握自我，形成美的心灵。《诗经》很早就建立起了这种"比德"的思维方式，诗的部分内容虽然表面在述说花花草草，实则是境界，是对自我完美心智的表述。在普罗提诺的哲学中，他并没有把这种心智的完美性归于人，而是诉诸神的世界。人在中国文化中具有重要的意义，中国的文化也对圣人的推崇到了极致的境界。与普罗提诺哲学作为对照，中国的文化非常专注于我与世界、我与宇宙、我与社会的关

---

① Plotinus, Ennead Ⅰ.6.2, p.239.
② Plotinus, Ennead Ⅰ.6.2, p.239.

系,形成个体化原则,通过彼此之间的认同达到团体风尚,主导社会的价值理念。在古希腊哲学中,柏拉图所确立起来"现象界的虚幻性",因为现象界变动不居,他开拓出一劳永逸的世界:理念世界。现象世界是对理念世界的模仿,就使得西方文化的源头就在非现象界的探讨之中,无论是对智慧、德性、伦理、法、历史的探讨都处于理智文化的深处,因为理智文化生成了现象界。现象界只是呈现,现象界的背后是理智的主导作用。因此,古希腊哲学最初将现象界"悬置"起来,对现象界的探讨放在"是"的文化之中,走向了本质性的永恒思维,形成了最初的存在作为存在的探讨,是关于实体的问题,在柏拉图的哲学之中,艺术是真理倒影的倒影,因为艺术不是实体,而是描摹。在普罗提诺哲学中,他试图来弥合这种对立,确立起同一性表述,艺术、真理和自然都是作为理智的呈现,作为太一流溢的结果,因此,对感性美的论述是普罗提诺美学思想的最底层。

柏拉图在《理想国》中放逐了低级的诗歌,专注于理智的沉思。之后,沉思文化占据着西方文化的主流。从柏拉图、亚里士多德到普罗提诺,到中世纪的基督教神学,再到笛卡尔的"心—物"二元论的沉思世界,沉思主导了西方哲学的主流。虽然,近代西方哲学逐步走向对现象界的描述,但是这种描述的不彻底性在于西方文化难以摆脱的形而上学的价值观念,以及由形而上学建立起的科学技术文化。虽然现代的语言哲学宣布了传统形而上学的垮塌,但是语言哲学所宣布的形而上学已经在科学和技术的领域发展出一套现象世界背后的存在,而这个现象界背后的存在被称为"知识",因此,作为形而上学的文化并没有消失,而是作为深刻的存在主导着科技的发展。现代克隆技术甚至可以克隆出活生生的动物,难道科学没有扮演神的角色吗? 形而上学要找到的世界就是现象界背后那个不变的或者可知的世界,从而能够主导现象界的呈现。因此，当今的西方哲学本身是倒退，倒退到对现象界的描述之中，当然这种描述和作为形而上学的探索一样的艰难和不可表达，这种描述也提供了对科学技术的反思，但是这样的反思是微弱的，甚至是不可能实现的。

在普罗提诺的哲学体系中，对现象界的研究仍在柏拉图创立的哲学影响之中，他虽然把感性世界作为基础，但是他确立了三种看：一种是感官感知的看；一种是欲望的看；一种是理智的看。感官感知的看以人的感知系统为根据，形成眼、耳、鼻、舌、身与外在于我的世界的沟通；欲望的看是将外在世界看作"为我"的目的性存在；理智的看将外在世界看作"自身呈现的存在"，不为我的感官感知而存在，也不为我的目的而存在，前两者的看：第一者为沟通，第二者为我的生存，第三者为自由。普罗提诺并不否定前两者的看，但是他认为前两者的看，必须以第三者为目的。有一种情况阻碍了这种理智的看，也就是美的思维方式，比如：花—美丽—花。只是得到一个"真美啊"，然后就生活在这种"美"之中，以为获得了人生的全部内涵，再有就是"食物—好吃—食物"，形成了在感性和欲望领域内存在。这种思维方式如果在节制的作用下形成的长久的享受，作用于生命体，但是如果作用于无节制，形成的是浪费和对生命的毁坏。苏格拉底通过对所有人间的智慧的人的考察得出一个结论：没有人是有知的。因为知的问题并不局限于人，局限于人的只能是意见，这在《巴门尼德著作残篇》中已有相应的论述，从凡人的意见之路到真理之路，恰恰要摒弃人的知见，通达宇宙的真理。古希腊文化对"知"形成了传统，柏拉图在《泰阿泰德篇》中强调知的问题，亚里士多德的《形而上学》（*Metaphysics*）探讨的就是"存在作为存在"的问题，普罗提诺《九章集》五卷三章《论知本体》（*On the knowing Hypostases And That Which is Beyond*）也在探讨"知"的问题。

"感性美的圈套"是否扼杀了"知"？这点毋庸置疑。但是在普罗提诺这里，美的问题和理智的问题紧密地结合在一起，他把美的问题提升到"知"的高度，从而形成了关于"理智—美"的论述。如果说感性美致力于将外在世界用感性的方式将其排列，得到一种愉悦的呈现。那么，理智美就是一种对外在世界的本质的表述，从而在本质之中发现美的价值，这两者不是相互矛盾的，从而开启了本质美和感性美的双重视域。但是，普罗提诺哲学的历史性影响主要在善的问题之中，通过奥古斯丁得到了传承，关于美的问题被普遍误解，在当今的身体美学的倡导者舒斯特曼（Richard Shusterman）《身体美学和身体意识》（Body Consciousness a Philosophy of Mindfulness and Somaesthetics）中对普罗提诺的误解尤为深刻，并认为普罗提诺是扼杀身体美的罪魁祸首，抨击普罗提诺说他不洗澡①。在古希腊最初的哲学中，柏拉图建立了感性美和理智美的对立关系，因为这种对立关系的建立，才使得道德的问题得以发展，人生活在现象世界之中，一定是处于某种目的之中，这种目的的实现必须通过一定的途径，形成善恶问题的探讨，善恶问题最终通过德性得到规定。面对现象世界的复杂性和公民生活的混乱性，一种道德规范，或者对感性的疏解和规范是对人的生命的负责，也是对整体的人类生活负责，因此，关于感性的疏解必然指向外在世界，这种指向性中形成了对整体的爱和相应的人类生活的建立。

二、德性美：城邦世界的美学以及超越

在古希腊，德性之美的建立一定是在城邦的范围之内，"德性美"文化的建立，似乎是对人的自然本性的征服，现代的美学似乎致力于"德

---

① 〔美〕理查德·舒斯特曼著，程相占译：《身体意识与身体美学》，北京：商务印书馆，2011 年，第 1—2 页。

性—美"的分离,从而还原作为美的存在和作为德性的存在。在普罗提诺的哲学中,关于城邦德性的问题没有得到有效的研究,因为普罗提诺的整个哲学体系没有建立在城邦文化之上,而是对超越城邦文化的宇宙文化和灵魂文化之中,他与亚里士多德的宇宙思想保持着内在的一致性。亚里士多德在《论天》(On the Heavens)之中确立了一个完美的存在:以太。普罗提诺也确立了一个完美的存在:宇宙。这在后来的奥古斯丁的哲学著作《上帝之城》(The City of God)中确立了完美的存在的典范。因此,普罗提诺对城邦的考察是不彻底和不完善的。但是本章作一节来讨论普罗提诺的"德性美"问题,是因为普罗提诺对待德性问题不在城邦的考察范围之内,而是在灵魂论和宇宙论的范围之内,是对古希腊城邦文化的超越,为上帝文化的传承找到了出口。

在《理想国》之中,柏拉图确立了城邦中公民以及管理者们的重要作用和职责,形成了"四大主德"说,即灵魂中重要的四种德性:节制、勇敢、智慧和正义,这四种德性分别作用于不同的职业的人群,保障城邦的有序、健康发展。普罗提诺在灵魂论的视角下重新考察了这四种德性。在《九章集》一卷二章《论德性》(On Virtues)中,普罗提诺认为:

> 当灵魂完全与肉体混合的时候,灵魂分享肉体的经验,与身体具有相同的经验,具有肉体的意见,灵魂就是恶的;当灵魂不再与肉体具有相同的意见,而是独自行动的时候,它就是善的并拥有德性,这就是智慧;不分享肉体的经验,这就是自制;不害怕与肉体分离,这就是勇气;被理性和理智统治,没有相反的观点,这就是公正。①

---

① Plotinus, Ennead Ⅰ.2.3, p.135.

正是这种解释，德性问题超越了城邦的价值规范，使得一种行动的准则不在城邦的规范之中，而在人的肉体和灵魂的关系之中，个人的灵魂和理智规范人的肉体存在。在《柏拉图的神学》(*Platonic Theology*)中，普洛克罗(Proclus)只探讨了"德性三神：知识、自制和正义"①，把勇敢问题丢掉了，直接抵达了天宇之上的理智界的探索。在《九章集》的六卷八章《论自由意志和太一意志》(*On Free Will and the Will of the One*)中，普罗提诺说："德性是一种理智，是理智化的灵魂的状态。"②"我们应该认为德性和理智具有统治权，我们应该将我们之中的存在的力量和自由赋予它们。"③可见，德性是一种自由的力量，而这种力量根植于理智之中，在理智之中静静地起作用，普罗提诺并不认为美德在行动之中，他说："在行动之前，我们拥有自我决断，也就是在德性的力量之中，这外在于行动。"④与中国文化中的知行合一不同，普罗提诺强调知的在先性，他说："自我决断的实践行动和在我们权能内的存在不是指向实践和外在的活动，而是指向德性的内在活动，即思想和凝视。"⑤德性在凝思实体的过程中成其所是，德性是指向理智的活动，理智是一事物成为一事物的本质。这里，我们碰到了一个古老的德性问题，即：德性是否可教？普罗提诺认为德性就是成为自己，成为自己在灵魂面向理智的沉思过程，每个人本身就包含了全部的德性，只有在凝思自己思想的过程中才能成为真正的存在，也就是说，德性不用教。但其中有一个问题：身体及其欲望。普罗提诺在《论自由意志和太一意志》中

① 〔古罗马〕普洛克罗著，石敏敏译：《柏拉图的神学》，北京：中国社会科学出版社，2007 年，第 211 页。
② Plotinus, Ennead Ⅵ.8.5, p.243.
③ Plotinus, Ennead Ⅵ.8.6, p.243.
④ Plotinus, Ennead Ⅵ.8.5, p.241.
⑤ Plotinus, Ennead Ⅵ.8.6, p.243, p.245.

说:"我们应该把我们权能之内的存在归属于什么? 一个可能性是将其归属于冲动和欲望,例如通过激情、肉欲或者符合于欲望的有益的计算。"①因此,德性在我们权能之内,不得不受生命体的控制,形成符合生命体欲望的正确计算和错误计算,正确的计算符合生命的本性,错误的计算不符合生命本性,在计算的基础上形成意志,正确计算符合"理性的知识",形成自愿行动。普罗提诺说:"我们应该将自愿行动赋予远离身体性情感,依赖于理智活动的人。"②德性形成自愿行动,但是德性的自愿行动远离身体性的情感,是向着生命本性的回归,它并不是通过计算肉体欲望得失的结果。因此,德性面向理智活动,不同于计算的理性活动和理性的知识。德性超越知识和理性,向生命本质的回归。

德性向着理智活动,不是在计算的意义上,因为计算伴随着身体的情感和欲望。在城邦文化中,德性皆在对他人和对社会有益的考量之中,造成城邦的整体和谐。而在普罗提诺看来,德性就是回归自己实体的过程,凝视自己实体生成的行动,行动是在凝思实体的过程中产生,而不是在凝思城邦环境而产生,我们在"苏格拉底之死"中,看到了两者的统一。苏格拉底被雅典公民大会判处死刑,苏格拉底本可以交纳赎金,但苏格拉底服从了雅典公民的裁判,因为他说他的灵机告诉他,是时候回到自己本有的世界之中了,是神派苏格拉底来启蒙雅典公民的,现在雅典公民不再需要他了,他要回到神之中。普罗提诺在《九章集》一卷二章《论美德》已有中提出了两种德性: 像神一样的德性(godlike virtue)和公民德性(civic virtue)。普罗提诺认为公民德性源于像神一样的德性。像神一样的德性是宇宙、自然和人共同分享的德性,公民德

---

① Plotinus, Ennead Ⅵ.8.2, p.231.
② Plotinus, Ennead Ⅵ.8.3, p.235

性是神样德性中的存在。普罗提诺认为："通过我们自己的德性形成的存在，不能被称为拥有德性。"①因为，他严格地区分了感知和形成原理之间的关系，他说："感知内有安排和秩序，但是在形成原理之中，没有安排、秩序和比例。"②他认为形成原理是最大的德性，它是使得事物呈现为美的本质。

如果柏拉图哲学所确立起的是公民概念，就是符合城邦价值规范的个体。而普罗提诺所提出的这四种德行完全是作用于个人的规范原则，如果柏拉图的公民德性寻求外在世界的认同，那么普罗提诺的德性问题就是寻求内在世界的认同，而内在世界的认同之所以能够得到公民的承认，因为存在着一种神秘的个人体验，以及将这种体验与神圣的世界联合起来，与天地万物连接起来，形成一种比较恢宏的生命体暗示，从而实现了个人与世界的同一。在这种同一性的存在中发现世界的本质，通过对古希腊建立起的数论、模型论、宇宙论、智慧论和体验论的深入体悟，发现世界的本质，通过一种条件的设定达到对外在世界的解释，而这种解释的终点是非科学性的，但是这种非科学性的体悟本身必须建立在科学性的基础之上，才能使得这种非科学性的体悟具有价值和意义，这是普罗提诺哲学是神秘主义体悟式的最成功之处。

因此，普罗提诺哲学中的"德性美"是向神而在的德性之美，这样的德性之美必须以抛弃身体的存在为基础。因为，身体的存在是阻碍灵魂向上飞腾的主要原因。在这里普罗提诺批判了伊壁鸠鲁主义的乐观，普罗提诺定义的勇敢就是灵魂与身体的分离，不惧怕死亡正是灵魂与身体的分离才是人类应有的追求，将灵魂放在一切其他的事物中才能形成灵魂的重要价值，才能具体地了悟到每一种事物的本领，只有灵

---

① Plotinus，Ennead Ⅰ.2.1，p.129.
② Plotinus，Ennead Ⅰ.2.1，p.131.

魂才具有事物的普遍价值，一种植物、动物或人与其他的植物、动物或人之间的关系必须在灵魂论的问题中才能够说清楚。否则，对事物的研究永远是外在性的研究，如果灵魂问题没有普遍性，那么关于美的问题、德性的问题也就不存在普遍性，因为这些问题必然在灵魂的普遍有效性中得到具体的表达。

现代语言哲学存在着一个重要的问题，就是"我"与世界之间关系的表述。这种表述在语言中确定其意义，讨论语言与意义之间的关系，形成能指和所指，并确立意义的实现范畴。这种表述方式难以实现的是我与他和她之间的一致性，也就是说作为表述的主体所指的表述对象的何种部分传达的何种意义是不清晰的，换句话说，是充满矛盾的。举一个简单的例子：一盆花在那里开放。A 和 B 同时说："这花真美！"虽然他们面对的对象是完全一样的，但是，他们的着眼点，以及要表达的内容，有可能是完全不一样的，因为表述如果指称客体，那客体是永远也无法得到全面的表述的。有人说这是一个联系到主体的非客观性表述，我们可以说："这片叶子的绿色使人愉悦！"这个表述是清晰的，但是作为主体人的体验式表达，这种表述是个人式的，更不具有普遍性的价值，这个表述也会产生很多问题，甚至矛盾、对立的看法。因此，关于现象界的探究一定处于人的感官感知的视角之下，普罗提诺也讨论了"近大远小"的视觉问题①。在普罗提诺看来，一种表述没有进入到作为本质性的表述之中，没有进入到事物之所以如此的表述之中是不可能得到普遍性的传达的。灵魂问题之所以具有普遍性的意义，在某种程度上说，灵魂本身是一事物成为一事物的根本。因此，对灵魂问题的表述，就是对事物本质的表述，它具有普遍性意义，你不能说一事物没

---

① Plotinus, Ennead Ⅱ.8.1, p.211.

有灵魂，灵魂也可以进行能指和所指的划分，但是这种划分在灵魂本身之中得到了有效的确认，它不需要进行所指实践，因为灵魂的实践就是事物本身。

我们从外在事物的感性美的表述，一定要上升到事物本身德性美的表述之中，德性美的表述有两个维度：城邦维度和神性维度。城邦维度确立了公民德性，这是柏拉图和亚里士多德确立起的典范，为后世的城市发展和公民的德性问题的发展提供了重要的参考，虽然其中存在着诸多的矛盾，形成政治哲学和伦理学解决的主要方面；另一个是天国公民的维度，这个维度在古希腊的哲学中没有得到有效的发挥，但是在柏拉图的宇宙论之中具有简单的雏形，而亚里士多德将这个简单的雏形做了观察性的研究和表述，其后的中期柏拉图主义专注于《蒂迈欧篇》宇宙论的阐释，形成了重要的哲学表述。直到早期基督教与古希腊思想之间的碰撞才使得天国宇宙论和德性之间的关系得到有效的确证，并在普罗提诺的哲学中大放异彩。在《黑格尔导读》(*Introduction à la Lecture de Hegel*)中，科耶夫(Alexandre Kojève)认为：

> 新柏拉图主义消失了，因为它不符合社会现实；罗马的自由民没有在柏罗丁的神学中认识自己。①

他和黑格尔持有同样的论调认为，新柏拉图主义的"狂喜和狂想"与"理性和理智"是相矛盾的②。这一点本书是不同意的。通过考察，

① 〔法〕科耶夫著，姜志辉译：《黑格尔导读》，南京：译林出版社，2005 年，第 305 页。
② 〔德〕黑格尔著，贺麟、王太庆译：《哲学史讲演录（第三卷）》，北京：商务印书馆，2009 年，第 199—201 页。

我们发现普罗提诺更像是一位充满智慧的通晓古希腊哲学思想的追随者，向世人展示他的奇妙的体验。如果说城邦的公民是有死的，那么天国的公民是永恒的，这种永恒性必须以德性为中心，只有德性完善才能在天国的世界里得到永恒的位置。政治和法律必须建立在灵魂问题的普遍有效性之中，这种普遍有效性是脱离身体的欲望而得到有效的规定，因此，德性问题的有效性不是以身体的愉悦与否为行动导向，德性问题恰恰是扬弃个人的偏见，专注于法则的实践，苏格拉底说："德性即知识。"因此，灵魂问题正是使得德性得以实践的坚强载体，其关键在于与肉体的情感、欲望和偏见的分离，在分离的基础上，世界万物才能够得到有效的沟通。

德性美一方面是灵魂进入身体世界形成的城邦的价值维度；另一方面，它又是灵魂与回归上界存在的必要的途径。因此，普罗提诺的"德性美"在两个维度上得到了有效的规定，但是前一个维度是普罗提诺没有展开论述的。

三、理智美：本体世界的美学

从柏拉图的《大希庇阿斯篇》就确定了"理智美"之间的关系，但是柏拉图用"美是难的"结束了"理智美"的主题。然而在普罗提诺的哲学中，"理智美"成为展开性的主题，是普罗提诺美学的重要组成部分，也是对柏拉图美学问题的重要回复。当然，这种回复夹杂着对亚里士多德哲学思想的融合，从而形成了一个庞大的关于美的问题的探讨。

关于理智的问题，当柏拉图问"美是什么"的时候，美就跳出了它的感性呈现，进入一种普遍性的探索之中。普罗提诺对这个问题进行了深入的分析，普罗提诺说："感知觉感知的是事物的影像，感知觉不能领

会事物本身：因为感知觉外在于事物本身。"①因此，如果理智把握的是
事物本质，那理智本身一定是外在于感知觉的，并与事物本身保持着一
致性，在普罗提诺的哲学中还包含着一个重要的原则，即"制造者比被
制造者更好，因为制造者更完满。"②因此，在普罗提诺哲学中确立了两
个互不相干的领域：感知觉领域和理智领域。感知觉领域感知的是事
物表象所形成的感性表达，理智的领域是理智事物形成数、形式、模型
和本质的表达。理智的成立是感知把握对象的不可能性，而要确立一
种客观知识的可能性的要求③，因此，对理智界的探讨必须放在理智的
范畴之下，而不能放在感知觉的范畴之下，否则就没有理智界的存在，
也不能对事物本身进行把握，因此，《九章集》的五卷五章专门探讨"理
智界的存在不外在于理智"，从而确立了理智界的存在。因为，如果不
确定理智界的存在，那么"真理"就会失去价值，没有任何存在是真理，
万事万物本身的存在就会被取消。人类将会在感知的世界迷茫，而理
智界的存在恰巧点亮了迷茫的灵魂，而理智的点亮方式就是哲学的沉
思。沉思是对沉沦的治愈，恰巧沉思是脱离感官感知的重要途径，沉思
是获得理智的重要法门。

　　既然理智界存在，对理智界的探讨就成为重要的问题。在这里，我
们遇到了"是"的问题，因为"是"的问题是西方哲学的最根本的问题。
柏拉图的哲学对话主要是通过对现象的分析达到对"是"的把握，但这

---

① Plotinus，Ennead Ⅴ 5.1，p.157.

② Plotinus，Ennead Ⅴ 5.12，p.197.

③〔美〕米尔恰·伊利亚德著，晏可佳译：《宗教思想史（第2卷）》，上海：上海社会
　科学院出版社，2013年，第603—607页。这个观点源于苏格拉底和智者学派之
　间的争论。智者学派在本质上否定了客观知识的可能性，提倡一种相对主义和
　怀疑主义，苏格拉底提出了"认识自我，开发心灵"的方法来回应智者学说，柏拉
　图回答了智者派和怀疑论者客观知识是可能的，因为它是以前世的记忆为基础
　和永恒的范型为例子，借用的是毕达哥拉斯（Pythakoras）的学说。

种把握方式很难被人们理解，即使当时的哲学家们也没有几个人可以理解它，大家只是对他的问题的探讨模式充满兴趣，以及对矛盾性的结论充满好奇，真正的"是"的问题是历代哲学家们最为关心的问题。在普罗提诺的哲学中，"是"是理智界的存在，与感知觉毫无关系，真正的"是"在理智之中，也就是柏拉图所说的理念界。那理智与美之间的关系是什么？理智怎么能够跟美联系起来呢？理智界的构成包括：是、同、异、运动、静止、形式、数、原理、思等。在亚里士多德的《形而上学》中探讨了数与美之间的关系，理智界的存在形式就是数，但普罗提诺认为理智界的美不是理智本身，而是来自太一至善的光，他认为：

> 当任何人看到这种光的时候，他也就走向了形式，渴望光作用于他们，在光中感到快乐，就像下界的身体不欲求潜在的质料性事物，而是寻求美来影响他们。每一事物因自身而成为自身；当善点亮了一事物，赋予他们一种优雅和充满情感的爱。灵魂，接受来自那里的流溢，就狂热的舞蹈，并且处于期望之中，变成爱。在这之前，它甚至还没有面向理智，因为他就是美，理智的美是不活跃的，直到他抓住来自善的光。①

这里的光不是我们下界的光，它是本原的光，只有本原的光的到来才会使得理智清晰起来。这也是事物内部的光，是使得事物本身存在的高级世界的光。这个光使得理智成为自身，光中包含了理智的所有存在，因为光点亮了理智，理智赋予灵魂，灵魂赋予形式，形式赋予生命，生命因此充满了美，这种美不是比例和身体性存在②。理智必须成

---

① Plotinus, Ennead Ⅵ.7.22, p.155, p.157.
② A.H. Armstrong, *Plotinus*, Collier Books, 1962, p.70.

为光中的理智，因此，理智美的问题回归了至善的世界本原。在理智美的探讨之中，世界变成了一种原理性存在，在回归至善的本原中形成一种完美的存在，这种存在必然形成真、善、美之间的同一性关系。现代的生物、物理、化学等学科的探究也为我们呈现出微观世界的美，这种科学的阐释和美的世界在理智的问题上实现了统一，并在至善流溢的秩序之中实现了一种完美与和谐，这种"理智美"是造物主的至善的智慧，它不因人的喜好存在或不存在。

总之，"理智美"必须在"感性美"和"德性美"之上，是"感性美"和"德性美"的根源。美的探讨上升趋势实现了一种超越性，并且实现了美的多元性，从理智的高度来看待美的问题，从而使得表象看起来丑的事物，也能在理智的高度上获得美的存在，因为在理智的高度上，任何一种美都是一种结构以及无利害的关系。当我们认为蟾蜍是丑的时候，我们必然是在感性的层次上，但是，如果我们将蟾蜍做理智上的分析，我们会发现它是美的。在有用性的范围内，它的美是医用价值，可以医治病人。再次，在蟾蜍的整体结构之中存在着造物主的美与丑的完美分配，因此，在理智的高度上，万事万物必然是美的。因为这种美无利害关系，它不因人的好恶和利害关系而表达美与不美。因此，"理智美"是美的最高表现形态，它超越了主体性，以客观呈现的方式表达了美本身。

四、艺术美：理智美的感性呈现

艺术美的问题在《九章集》的五卷八章中提出，普罗提诺通过石头和雕像之间的关系对艺术做了重要的阐释，他认为：

石头通过艺术而被带入形式美之中并呈现为美，不是因为它是石头，而是艺术把形式放进石头之中的结果。质料不拥有这种形式,这种形式在它进入石头之前就在人的思维中,它在工匠之中,不是因为工匠拥有手和眼,而是因为它分享了艺术。因此,艺术美就在那里;因为艺术美没有进入石头之中,美就待在艺术之中,进入石头的美来源于它,比它微弱。①

从这段论述的逻辑关系来看,普罗提诺确立了艺术的本原性价值。一尊雕像是由质料和形式组成的,石头作为质料,光凭石头本身,它不可能成为艺术品雕像,它必然拥有某种形式。这个形式来源于哪里呢?技术高超的雕刻家,他可以将石头中的形象雕刻出来,让石头显现为美,这个美来源于人的思维,因为人的思维分享了艺术美,所以,人能赋予石头之美,并使得石头成为雕像。但普罗提诺认为人的思维也是被创造的,真正的美不在人的思维中,而是在高级世界那里不动,我们所分享和创造的美都来源于那里,因此,相比于上界的美,下界的美是微弱的。因为在普罗提诺的思维观念中,"每一个原初的创造者一定是比它创造的事物强大"。② 因此,普罗提诺在探讨任何事物的美的时候,必然把它归结到作为本原的存在之中,从本原的制造中发现真正的美。在普罗提诺的哲学体系中,真正比较完满的世界就是理智界,一切的存在都必须追溯到理智界,美也是如此,形成了理智美的问题。普罗提诺对艺术美的探讨有效地解释了黑格尔的"美是理念的感性显现"关于美的问题的经典表述。但是,普罗提诺的原理美,并不是数和比例关系,他将原理美作为太一流溢的结果,他认为:"知识的分支是由比例和定理组成的,即使在下界的科学中也不是真理。"③真理超越比例关系和

___

① Plotinus, Ennead Ⅴ 8.1, p.237, p.239.
② Plotinus, Ennead Ⅴ 8.1, p.239.
③ Plotinus, Ennead Ⅴ 8.1, p.253.

定理，真理是比例关系和定理的生产者，体现为神秘主义的生产关系，他强调太一流溢造成的理智界的至美，认为所有现象界的美都是理智界至美的倒影。

艺术美作为一种存在形式，它的本原必然是上界作为理智的存在。因此，艺术美不是对现象世界的模仿。普罗提诺这里并没有反对柏拉图对艺术美的贬低，而是在另一个角度上说明艺术美的本原在于理智美，我们要抵达理智美，不能被现象美所迷惑，要上升到美的本原之中，但是其确立了艺术美的存在以及下降的机制，这与柏拉图在《理想国》中提出的"三个世界"的观念在内在机制上是相互统一的，因为柏拉图通过"洞穴隐喻"表达了一种对"知"和"启蒙"的渴望，通过"三个世界"的划分，确定了"理念"至高无上的价值，而对现象世界和绘画世界进行了否定，但是柏拉图的否定并没有提供生成的机制，因为柏拉图确定了一个为真，其他的事物都是对"真"的模仿，而模仿者一定是后来的，也就是假象。但是普罗提诺通过对思维的强调，认为艺术是直接与真正的存在见面的，他通过菲迪亚斯（Pheidias）创造宙斯像的例子，说明："菲迪亚斯不是通过任何感觉感知到的模型来建造宙斯的雕像的，而是通过理解宙斯如果要让他自己可见，他应该是什么样的。"①从而确定了艺术和最高存在的同一性，摒弃了作为人的存在的感观感知因素，普罗提诺还认为："如果任何人贬低艺术，是因为艺术作品是通过模仿自然而产生的，那么首先，我们必须告诉他，自然的事物也是模仿。然后他必须知晓艺术不是简单地摹仿它所看到的事物，而是追溯到自然产生的形成原理。"②可见，这不是对柏拉图艺术观念的反驳，而是在深层次上对柏拉图艺术观念的捍卫，实现了对理念美的解读，同时也回答了

① Plotinus，Ennead Ⅴ 8.1，p.239，p.241.
② Plotinus，Ennead Ⅴ 8.1，p.239.

"美是什么"的问题。

不同于柏拉图在《理想国》中提出的"艺术是真理的倒影的倒影",而与《法律篇》(Laws)卷十提出的艺术与自然的关系形成对应性的关系,在《法律篇》卷十中,柏拉图叙述了原子论的观点,提出了万物的三种存在形式:通过自然存在,通过艺术存在,通过机遇存在。柏拉图认为通过自然和机遇的存在是最伟大和最美的存在,通过艺术的存在是微弱的存在,艺术品源于自然,但与自然相比,艺术根据不同的时间、地点和人群形成不同的风格,因此,艺术与惯例和传统有关。他将医药、体育、农业、政治和法律都归于艺术的门类之下,并且与人的生存息息相关,他认为艺术源于自然,但是没有自然永恒①。对于艺术,普罗提诺也认为:"那些生成房屋和其他艺术品的存在就终结在这种存在之中,但是关于医药和农业的艺术和诸如此类的艺术,却帮助自然的事物处于一种自然的状态之中。"②这个论述与海德格尔关于"神庙"的论述具有同样的意义,海德格尔在《艺术作品的本原》之中说:"石头被用来制作器具,比如制作一把石斧。石头于是消失在有用性中。质料愈是优良适宜,它也就愈无抵抗的消失在器具的器具存在中。而与此相反,神庙作品由于建立一个世界,倒才使质料出现,而且使它出现在作品的世界的敞开领域之中。"③与海德格尔的艺术观念相比,我们看到:普罗提诺的艺术观念恰恰表达了艺术作品把世界带入了敞开的领域。普罗提诺通过艺术与形成原理之间的关系,确定了艺术和真理之间的言说关系,从而使得艺术与语言,艺术与数、艺术

---

① Plato, translated by R. G. Bury, *Laws*, Massachusetts: Harvard University Press, 1926, pp.311 - 315.

② Plotinus, Ennead Ⅳ, p.229 - 231

③ 〔德〕海德格尔著,孙周兴译:《林中路》,上海:上海译文出版社,2008 年,第27 页。

与存在之间的关系更加明晰，普罗提诺认为："美点亮了好的比例，而不是好的比例是美。"①艺术与真理之间的关系在海德格尔的《艺术作品的本原》中更是得到完美的阐释，通过艺术作品本原的追溯，并形成了艺术和真理之间言说关系的解读，从而打破了科学和真理的同一性关系，实现了真理、艺术和科学三者之间的辩证性关系，并反思了技术化的现实生存境遇。虽然黑格尔在他的三卷本《美学》(Asthetics)中用历史与观念的统一的方式系统的阐释了艺术美与理念美之间的关系，但是关于"美是理念的感性显现"的最初的观念应该归结于普罗提诺《九章集》五卷八章对美的问题的阐释。

　　既然美与理智界相关，那么对于美的探讨，必须以清晰的理智界的展现为根基，也就是上一章中关于理智界的研究之中，普罗提诺在这里区分了智慧和理智。普罗提诺所说的智慧不是一些定理和比例，而是某种本原性的存在。普罗提诺对这个问题进行了深入分析，他说："某些智慧使得万物产生存在，无论它是艺术品还是自然的产品，在探讨它们形成的时候，到处都是智慧。"②在这段话中，普罗提诺把智慧提升到了作为"万物形成"的本原之中，形成与万物同一性的表达。因此，在普罗提诺的哲学中"工匠"是一个重要的概念，也就是原初的创造者，他拥有一切存在的智慧，否则他不会让万物呈现为是其所是的模样，但是他对原初创造者的智慧表述为："这种智慧不是由定理组成的，而是作为一个整体，不是由很多部分组成的智慧。应该从一的角度来解决多的问题。"③他通过对理性和智慧的区分认为：智慧不是产生于理性。因为理性由一些原理组成，而智慧就是事物本身。他说："真正的智慧，就

① Plotinus，Ennead Ⅳ 7.22，p.157.
② Plotinus，Ennead Ⅴ 8.5，p.253.
③ Plotinus，Ennead Ⅴ 8.5，p.255.

是实体,而真正的实体,就是智慧。实体的价值来源于智慧,因为它们来源于智慧,是真正的实体。"①从而确定了实体和智慧之间的关系,这里,普罗提诺认为:"影像不是被画的,而是真正的存在。"②这里的"影像"不是倒影,也不是模仿。他认为埃及的象形文字是智慧形象的表达:

> 我想,埃及的智者们也凭科学或直觉的知识明白这一点,当他们想智慧地指称某些事物时,不是使用语言的形式,根据词法、句法,模仿声音,传达哲学思想,而是通过画像,雕刻在他们的神庙上。每一事物一个特殊的形象,它们显示了理智界的非论证性。在这里,每一种形象是一种知识,一种智慧,是陈述的主题。所有的聚集在一起,无需话语或深思熟虑。③

普罗提诺认为这种表述方式既是科学的又是智慧的,是通过直观的方式直接抵到对智慧的呈现,而不是通过论证性达到,是一种非论证性,因为在这种文字的存在之中直接呈现了智慧,是真正的智慧,不是通过定理和比例,而是一种整体的呈现方式,这种呈现方式本身与理智界保持着内在的一致性,而不是外在的论证性存在,不是通过一种对象性的论证而达到的存在,这就是美的直接呈现性。

通过以上的论述我们可以发现,普罗提诺对象形艺术的表达是与理智直观放在同一个层次上的。他认为的艺术是超越科学的定理和比例的,他认为科学的定理和论证性智慧是不正确的,即使在下界也不是

---

① Plotinus,Ennead Ⅴ 8.5,p.255.
② Plotinus,Ennead Ⅴ 8.5,p.255.
③ Plotinus,Ennead Ⅴ.8.6,p.257.

真正的智慧，他说，真正的智慧一定是和原初创造者保持同一性，而不是通过论证的方式用中介达到对原初的创造者的智慧的论证，他认为这是低一层次的。因此，他在自己的哲学思想中表达了对论证原理的厌恶，对直观的信任，从而在对艺术美直观理智美，直接将理智带入现象世界的创造者表达了深深的敬意。如果用一个短语来表述普罗提诺的艺术美就是：与理智美的照面。

第 3 节　普罗提诺美学对古希腊美学思想的融合性阐释

古希腊的美学思想最初就在神话思维中奠定了三个世界的观念：神—人—地狱。这种观念在荷马史诗中确立了其叙述的三种力量，在这三种力量的纠结之中形成了对人的世界的解释，形成了神人同形同性的表达方式，主要针对人世间的磨难。这种思维方式寻求了一种对人的行动的有效解释，并且专注于人的世界，人是受到宇宙法则支配的，与宇宙的法则寻求同一性，即便是宙斯，作为最高的统治者也不能违抗宇宙运行的法则。因此，在这三种力量之外有一种力量是任何人都不能违抗的，这就是正义。正义是整个世界的运行模式，在神的思维之中，也在人的思维之中，通过城邦的方式在人间呈现，而美的问题恰恰是与正义的问题具有相似性。在柏拉图的《大希庇阿斯篇》中就确立了这种相似性，从而提出了"理智—美"的问题。在《理想国》中，柏拉图也提出的关于诗和正义的问题，在这些论述中，我们似乎得到了确证，美一定是来源于某处，不是感官感知的，不在外在世界的呈现之中，因为外在世界的呈现必然是存在着内在的美，如果没有内在的美，外在世界的呈现就会是丑的。因此，真正美的问题一定是在现象界背后的本质性存在之中。

普罗提诺的美学思想在古希腊确立起的宇宙观的范围之内。将普罗提诺的哲学美学思想进行多样的划分,从而确立起美的研究范畴:感性美、德性美和理智美,在艺术美之中实现了这三者的统一。因为艺术美所传达的世界必然要达到对理智美的解读,但是这种解读是圆融性的,又必然作用于感性美和德性美,因此,在美的领域包含人类一切的智慧,从线条、色彩、结构再到人生、苦难和拼搏的奉献精神再到对世界、宇宙和超世间的智慧的撷取,必然是艺术美所要寻找的路径。在这样广阔的空间中,艺术美的表现形式必然是多样的和充满艺术气息的永恒之美。普罗提诺的艺术美具有广阔的空间,我们必然在这种空间之中寻求智慧,抵达美的最高境界。

在普罗提诺思想的根源之处,真正的美在于"理智美",是造物者原初的智慧之美。他和柏拉图一样是对现象世界持否定的态度,但是现象世界是普罗提诺思考的起点,在这个起点的背后发现一个创造性的世界,既然能够发现一个创造性的自然世界,那现象界的呈现就必然成为后来的和模仿的。因此,在发现现象界背后的世界的过程中,整个世界必然被带入另一种存在之中。关于现象界的美的问题、善的问题和真的问题,必然也就被带入另一个世界之中而得到有效的表达,并且在理智界的表达比作为现象界的表达更加清楚和有序。因为理智界的存在是结构性的和形式化的,因此所有的现象界的存在必然在理智界中得到有效的解释,而理智界的问题必然有效是因为理智界的存在是解释现象界的一种方式。当这种解释成为可能的时候,我们是按照理智界的存在来建构我们的现象世界的,在此基础上形成了理智界的感性显现。这种显现是对现象界的有效重建,并在这种表达之中呈现了作为理智的存在,形成了理智存在的两个维度:一是通过对现象界的考察解释现象界从而获得理智；二是通过理智建构的人的思维作用于现象界，从而形成关于现象界的再改造的问题，从而在现象界的存在和被创作之中，我们获得了两种关于世界的智慧，这两种智慧共同作用于人的世界，从而形成了我们丰富多彩的世界，而现象界的存在能够被有效地关注在于理智的丰富性，只有理智界的丰富，我们对我们世界的创造，以及我们对现象世界的改造才是有效的。

第 4 章

诸善与至善：灵魂回归
本体界动力之二

上一章探讨了灵魂回归本体界之一：美的维度，本章探讨灵魂回归本体界之二：善的维度。什么是善？善为什么成为灵魂回归本体界的动力？善存在于什么地方？在人的心灵中，世界的秩序中，还是宇宙的法则中，善与恶的关系如何？如何解释我们这个世界的恶的问题？陷入恶之中的灵魂受什么指使？为什么人会陷入恶之中？本章根据普罗提诺的《九章集》中对善恶问题的探讨，对这些问题进行研究。

第 1 节　善作为一个问题

善的问题的提出既是个体化原则的体现，又是集体意志的诉求，它是古往今来最为重要的问题。善的指向性，是现实活动的主导力量，可以说，人类生活的全部目的都是为了追求善的生活。因此，对善的问题的探讨可以形成不同的领域，并且很可能形成彼此矛盾的善的领域。以阿伽门农为例，在埃斯库罗斯的悲剧《阿伽门农》中，阿伽门农为了使远征特洛伊的大军顺利的起航，他不得不献祭自己的女儿伊菲革涅亚

(Iphigenia)，这里面涉及的问题就是善的问题。阿伽门农作为主帅，他的主要职责是取得战争的胜利，这是阿伽门农作为主帅的善，而在这个事件之中，被加入了一种抉择，风神阿尔忒弥斯（Artemis）作为阻力，一定要阿伽门农献祭自己的女儿，才能让大军起航。作为主帅的阿伽门农，一面是出征前的大军，一面是自己可爱的女儿，如何进行善的抉择[①]？

善的问题体现的是世间存在最高超的智慧，一方面它能够提供问题解决的宽广的视域，另一方面它也提供个体生活的动力。但是，善也经常处于被误解的状态，以为"善"就是做好事情，没有抉择。而真实的善的问题一定是和抉择放在一起的，因为善是最高级的智慧，没有善也就无所谓智慧，没有智慧就无所谓善。善是实践智慧的重要导向，善的指向性也就是智慧的多元性。因此，我们必须从两个方面来探讨善的问题，一个是至善，本原的善；一个是诸善，实践智慧的善。前者是作为本体的善，后者是作为实践的善。善的问题一定是在这两者的考量之中，前者是后者的善行的保障。

现实社会中对善的考量往往以"个体化原则"为中心，即以"我"为中心，因为"我"的问题是善的问题的最低限度，无论是政治制度，还是道德法律，必然以"我"为中心，也就是最初的"一念之本心"，它是否能发育出正确与合理的行动。因此，回归于"我"的生命诉求，这种考察是一个城邦和一个国家幸福指数的重要保障。但是，这种思维方式在结

---

① 关于道德合理性的论证，建基于人性的某一特征或某些特征之中。对于狄德罗（Denis Diderot）和休谟（David Hume）来说，相应的人性特征是激情。对于康德来说，相应的人性特征是某项理性规则的普遍性与绝对性。而克尔恺郭尔（Soron Aabye Kierkegaard）则全面放弃了道德合理性的论证。在诉诸激情与理性的地方，他选择了"根本的抉择"。参见：麦金泰尔著，宋继杰译：《追寻美德——道德理论研究》，南京：译林出版社，2011 年，第 66 页。

成团体或城邦的时候，必然又成为理想的状态。于是，又产生一套关于"奉献"的善的问题，以"集体利益"为中心，形成了"能者居之"的思维方式，其公民以"奉献"自己的时间和劳动来获取"个体化原则"的满足，也就是生物学上常用的词汇"寄居"，这是现代社会的典型，每个人都"寄居"在城邦的战车上。当"寄居"的公民不符合城邦原则的时候，就必然不能得到"个体化原则"的满足。因此，作为国家的公民，一定要达到"个体化原则"与"城邦原则"的统一，这就是"人作为城邦的存在：公民"，从而得到相应的分配的满足。然而，现实的城邦本身是由人管理的，虽然有法律，但是一切皆由人来宣判。因此，在"个体化原则"和"城邦原则"这两条律令之间，必然又存在着以"个体化原则"为中心的个人权力和欲望的无条件的满足，从而破坏"城邦原则"。在一个制度完善的城邦中，这种破坏行为一定会受到"城邦原则"的制裁，如：掳走海伦（Helen）的帕里斯（Paris）及其家人。现代社会除了"个体化原则"和"城邦原则"之外，还发展出了"市场原则"，如果说"个体化原则"是绝对的自由，"城邦的原则"是摒弃个人的自由，而对城邦的自由和全体公民的自由的负责，那么，"市场原则"标榜的是新的价值取向。在"市场原则"的支配下，传统的"个体化原则"和"城邦原则"都进行了重新分配。因此，善的问题在现代社会变得异常复杂，整个社会都是联结在一起的机器，牵一发而动全身。在整体的社会运行方面，善恶具有直接的相关性。

从"二战"的反思可以看出，每个参与战争的人，都要为战争的残忍和违背人道主义的实践付出代价，然而，参与战争的大部分人，都是受到整体的社会运动和社会思潮影响的人。人的生命活动不是为了战争，而是为了美好的生活。人的生存的目的性是满足"家庭原则"和"个体化原则"，然而这却在无形中帮助了恶，成为种族屠杀的帮凶。什么是善？什么是恶？没有国家机器，整个社会无法运转，一旦社会运转，善恶的转化如此的精细。善恶的价值判断,必然与事件的事实性关系相关。在《道德原则研究》(*An Enquiry Concerning the Principles of Morals*)中,休谟认为:"理性要么判断事实,要么判断关系。"①"在任何情况下,人类行动的最终目的都决不能通过理性来说明,而完全诉诸人类的情感和感情,好不依赖于智性能力。"②在道德评价的意义上,休谟认为:道德建立在情感之上,理性提供一种事实关系。但是,现实的原则是理性的事实关系永远无法得到全面的考察,每一个团体和每一个人都有视域偏向性,从而在情感所形成的道德倾向和道德批判的问题上,永远陷入片面性。在《追寻美德》(*After Virtue*)中,麦金太尔(Alasdair Chalmers MacIntyre)认为:"在我们的文化中,我们所知道的有组织地驱向权力的运动无一不是采取了科层制的和管理性的模式,我们所知道的对于权威的合理性论证也无不采取了韦伯(Max Weber)的形式。"③所谓的"韦伯的形式"是一种"视角",因此,以"视角"和"理性关系"进入整个事件的过程中,必然会带来片面性,无法全面反思,这必然会带来恶的实践结果。因此,在善和知之间必然形成相辅相成的关系,没有知就没有智慧,更没有善,因此,现代社会的善必然是对"全方位视角"的占有,形成:"全知—智慧—至善"的统一体。而这种对于善的定义却是永远也达不到的,因为这个世界的人处于痛苦和快乐混合性的欲望生活之中,普罗提诺借用了柏拉图在菲利布篇中的话说:"这个世界的恶是不能消除的。"④

---

① 〔英〕休谟著,曾晓平译:《道德原则研究》,北京:商务印书馆,2009 年,第 139 页。
② 〔英〕休谟著,曾晓平译:《道德原则研究》,北京:商务印书馆,2009 年,第 145 页。
③ 〔美〕阿拉斯戴尔·麦金泰尔著,宋继杰译:《追寻美德——道德理论研究》,南京:译林出版社,2011 年,第 137 页。
④ 〔古希腊〕柏拉图著,王晓朝译:《柏拉图全集(第三卷)》,北京:人民出版社,2009 年,第 258 页。

关于善的制度的真正的建立，不在于逻辑体系的严密性，而在于这种制度深入人心，就像 1＋1＝2。没有人会去怀疑这个公式，因为它深入人心。当一种道德和法律深入人心到一种无意识遵守的状态时，当一种道德法律作为内化的生命规则的时候，整个社会的运行模式一定是顺畅有序的。然而，人不是规则，人也不能完全按照规则的规定呈现自己的生命活动。因此，在"法—规则—活动"之中，必然有着无穷无尽的矛盾活动，在这些矛盾之中组成了善的价值取向，必然形成一部分人对于生命的善的法则的捍卫。国家在形象上是这些法则的代表，国家必然在"正义"的基础上来解决民众的矛盾。但是，问题的真正的解决不只是靠外在性的规律和国家。在柏拉图的《理想国》中，虽然以"正义"是城邦的基础为切入点，但是最终的问题却落脚在公民德性和灵魂问题上，可见，只有在"管理者的正义"与"公民的正义"相互统一，一个国家才能得到有效地治理。而"官—民"之间的关系，必然以"德性"为中心，德性必然是能够有效地化解暴力和激情的重要工具，并辅以法律知识，在"相互信任"的作用下，形成良好的社会氛围，而不是造成彼此根深蒂固的矛盾。当人人都相信法律，遇到问题都会寻求法律帮助的时候，那么还能有很多暴力问题吗？还能用"关系"来代替中国文化吗？这种深入人心的法律和道德教育恰恰在于幼儿和小学、中学和高中的教育，也就是基础教育，以及整个国家建立起完美的管理体系。

正义、德性、法律，必然是人成长为公民的必要条件，必然要成为深入人心的法则，是一种内化于心中的自律，从而达到外在的善与内在的善的统一。因此，善与人的内在追求是一致的，任何割裂内在的追求而向外去寻找善的途径都是不正确的。普罗提诺将善表述为：

它是最好的存在，超越所有的存在物，其他存在物的所有活动都朝向它……万物以两种方式拥有善：像它一样被制造；把它们的活动指向善。①

　　善不是由某些事物引起的，而是静静地待在那里，是"自然活动"的"源泉和起点"，赋予其他事物善的形式。②

普罗提诺用"本原的善"解释了世界及生命，认为世界本身就没有恶。每一事物的产生都是作为善的存在。而所谓的恶，是一种缺乏，或者是对"恶的经验的无知"造成的后果。因此，在这个世界，人的存在不断地受到来自情感和欲望冲动的诱惑，做出非理智的事情，普罗提诺将所有的这些都归罪于肉体产生的情感。因此，人无时无刻都要通过灵魂凝思理智，获得关于存在的智慧，以达到一种对"全"的领悟，从而达到"至善"的实践活动，人的每一次活动都应该在"至善"之中生成。

　　至善成为世界生成的力量，普罗提诺认为："没有灵魂的事物朝向灵魂，灵魂通过理智朝向善。"③形成了"至善"的世界动力，产生完美的生命活动，一切事物在这种神秘的关联之中产生，形成一个完美和谐的世界。普罗提诺对"至善"的思考表达了对"完美世界"的追求。虽说对至善活动的凝视能够产生完美的世界，但人世间没有任何一种存在可以在"完美的世界"中解决人世间的矛盾，理性是伟大的，至善也是伟大的，当激情和暴力掺杂在一起，借助着高科技武器，关于"完美的世界"的想法荡然无存，即使不在激情和暴力的情况下，偶然性的事故、人的懒惰、懈怠和疏忽，仍能造成恶的后果。

　　古往今来的智者们，都在寻求一种对人类情感问题的解释，从而最

① Plotinus, Ennead Ⅰ.7.1, p.269.
② Plotinus, Ennead Ⅰ.7.1, p.269.
③ Plotinus, Ennead Ⅰ.7.2, p.271.

大程度上符合理性的规则。在柏拉图的"灵魂的马车"和亚里士多德的"城邦之善"之中,关于"公民与自我的关系""公民与城邦的关系"的探讨,确立了人类世界中无法逃避的两种存在模式：理性和情感。"至善"的核心问题就是要让"人运用灵魂通过理智达到对至善的凝视",无时无刻不能离开"至善",必须与其保持内在的一致性,这种要求必然是对"圣人"的要求。普通民众很难在其要求下达到生命的完满,民众通常生活在欲望、激情和情感之中,这是不能舍弃的,必须寻找力量对其进行纾解。科耶夫在《黑格尔导读》中认为：

> 新柏拉图主义是基督教的一次尝试,但流产了,因为这种尝试是一神论的(＝异教的)。新柏拉图主义超越希腊喜剧；它认识到一位无限的上帝；但她不知道这个上帝已经成为人。它的上帝是绝对超验的(颂扬异教的"完善"概念)。这是一种人们不能断定其存在的"大一"。①

普罗提诺专注于"个人完美与太一的融合",他只是用哲学式的思考方式阐释和记录了这种完美,其价值在于如何达到超世间的生活,因此,对于世间生活的公民德性、城邦制度、法律法规这些善的原则他一概不问。他只是专注于"个人世界的完善",从"个人世界的完善"来抵达"宇宙世界的完善",最终达至对"本原完善"的思考,从"个体化原则"经过一种宗教式的神秘体验达至对"世界生成"的思考,这种思维方式是神秘的,个人体验式的,之所以能够激起研究者的关注在于他的论述是在古希腊哲学和文化的基础之上,与古希腊的神话和柏拉图哲学保

---

① 〔法〕科耶夫著,姜志辉译：《黑格尔导读》,南京：译林出版社,2005 年,第304 页。

持着内在的一致性,这代表着伦理原则对科学原则的超越和反思,规则从无规则中产生,秩序源于无秩序,从而在深层建立起了科学思维赖以存在的基础。撇开普罗提诺对"世界生成"的美好想象,专注于世界本身,我们无时无刻不能发现恶,如果本原是如此的美丽和完善,那么我们的世界为什么有恶的存在? 因此,在普罗提诺的哲学体系中,关于恶的问题的探讨必然是置于他的"本原的善"的背景之中。在普罗提诺一元论的世界里,他认为"本原为善"。而这个本原却是世界之内的本原,就是推动宇宙运转的本原。他认为这是善的,这种一元的善论,必然通过生成和模仿,而达到对善论的传播。他认为推动世界的是善,而善在推动的过程中必然显现,显现为我们感官感受到的世界。万物的生长必然有某种力量在推动,如果植物是由一系列元素组成的,那必然又有某种生长的原理,否则元素和灵魂的组合必然不能产生植物,这个让植物成为植物的本原,就是善。而当善成为一种生成的力量的时候,它实现的是源源不断的生产性动力。

恶必然不是万物生长背后的力量,那恶是什么? 恶是生命的显现,是与肉体结合的一种情感、激情和欲望。恶源于灵魂的迷失,源于一种缺乏,每一个呈现的事物背后都有善的力量,而每一事物在成为自己的过程中,具有了向内和向外的两种视域。然而,向内的视域经常是关闭的,是需要智慧开启的,是需要教导的,也就是柏拉图所说的"回忆论"。而向外的视域却是无穷展开的,实现了对现象世界无穷无尽的追求,而这种追求所满足的只是身体的欲望。从现象世界生活的开始,恶就不断地产生,因为关于"善"的本原的世界被人类的"无知"关闭了。从此,对现象世界的执着无时无刻引领人类的灾难,无论是种族的、地域的,还是国家的,因为这些欲望及恶是历史的,是先在的。本原的善在"先在的恶"之中迷失,因为作为一个家庭的成员,作为一个民族的一员,作为国家的公民，必然继承其对"先在"的责任性。普罗提诺对灵魂的论述就是确定了这两个视角，当灵魂追逐现象界的事物的时候，灵魂就迷失了自己。普罗提诺通过"教导"的方式让灵魂回归本性，当灵魂经历了现象界的磨难之后，一切归于空寂，最终发现自己的本性，从而对"先在的恶"的认识才能比较深入，体味到"万物皆空"的生命境。因此，现象界的"恶"是不能消除的，但是现象界可以通过治理，达到一种相对的和谐，这就是城邦治理术。

城邦治理术必然是对恶的全面了解，否则治理的根基不会稳固。在柏拉图的《理想国》之中有一个关于"金戒指隐身术"（Gyges）的故事，在"做坏事不会被发现，还能得到利益"的情况下，一个人是选择做好事还是做坏事呢？大部分人都选择做坏事，原因是符合自己的利益，这也切中了功利主义哲学"追求幸福的最大化"的要义，如果是这样，正义岂不是空谈？因为城邦正义能够使得一些人利用正义的身份掩盖不正义的目的，在《理想国》卷十中运用了"灵魂审判和灵魂受罚"来治理这种现象，不正义的行为必然会得到应有的报应，但这只是一种警醒的作用，无法针对现实的问题。在普罗提诺看来，这种符合自己利益的行为恰恰不是真正的人的行为，而是基于人的肉体和欲望的行为活动，是与人的本性相违背的。在没有监督的情况下，人仍要按照人的本性——智性存在进行活动。如果幸福是基于肉体的快乐，这种快乐是短暂的，是不确定的，是稍纵即逝的，更是沉迷的和沉沦的。在《实践理性批判》（*Critique of Practical Reason*）中，康德（Immanuel Kant）认为："每一个人都应当力求使自己幸福，这个命令是愚蠢的。"①因为在康德看来：幸福等同于自我满意；幸福的知识是基于纯粹经验材料的，没有任何实

---

① 〔德〕康德著，李秋零译注：《实践理性批判》，北京：中国人民大学出版社，2011年，第 36 页。

践法则能够建立在上面，康德的幸福论是建立在道德法则实践的基础上。

城邦的治理术，必然在"躲避痛苦，追求利益最大化"的前提下，进行有效的规定。对至善的寻求只是一种理想的模式，这个世界的善的问题的把握必然在秩序和理性的指导下，但是秩序和理性是需要教育和启蒙的。民众总是以自己的利益为中心，因此面对非理性的民众，最为合理的解释就是：暴民是没有思想的。在形成世间的有效统治的过程中，必然是一种科层制的，以权力和经济为中心，形成一个分层的社会体系。知识是这个体系运转的动力，通过知识和权力的结合推动整个体系的稳固发展，通过教育和就业达到对这个稳固的体系的更新。因此，上层社会就是权力和利益的场所，随着视野的扩散，下层碎片和断裂也就愈来愈深入，因为在权力集中的上层社会的整个区域之中，一切事情都是一目了然的，而下层的事情却充满着变数，为了个人的利益过蝇营狗苟的生活，这就是世间的权力和经济主宰的整个世界。

在柏拉图的《理想国》之中，虽然以"人的需求"为基础，建立起了各行各业平等交换的最初统治的思想，但是这种交换在形成管理的同时，必然保护作为贵族阶层的利益，虽然提出了"有能者居之"的重要问题，但是在权力和知识弥漫的贵族阶层之中，有能者难道会出自平民？因此，在整个城邦的建立之中，必然带有一种统治和被统治的城邦问题，必然存在着暴力镇压的倾向。虽然和平主义者一直强调人道主义，但是人道主义在战争、暴力和镇压的背景下，显得脆弱、珍贵、可望而不可即。公平和正义的问题必然是对权力和回报的平衡，是政治团体的利益分割，主要的问题集中于对"分配"的调控机制。在整个社会流转的过程中，权力和知识作为主体，实现了分层和区分。当然，这种分层和区分在必须在合理的分配的情况下，造成了整个社会的正义和平等。否则，在付出和回报通过不合理的分配造成贫富差距过大的情况下，最容易产生的就是暴力，形成恶性循环的社会发展模式。因此，完美的富有秩序的社会，必然需要对"恶"的问题具有全面的认识，从而在"善"的指引下，实现对世间生活合理化和秩序化。

从以上的分析中，我们能够看到善的力量，至善不是一种口号，而是社会有序运行的基础。因此，"善的问题"是非常复杂的问题，一方面可以从形而上学的角度进入，认为世界生成的力量就是善；另一方面可以从人类社会的角度进入，形成对复杂的城邦与公民关系的"善的问题"的回应，应对现象世界的恶，从而在最大程度上形成关于善的智慧，造福于整个城邦。

第 2 节　普罗提诺关于"善的问题"的论述

在普罗提诺的哲学中，善是一个重要的问题，其中一卷七章《论第一善》(*On the Primal Good*)是普罗提诺去世前所写，是一篇比较清晰的论述"善"的文章。阿姆斯庄说："从这篇文章中，我们能够发现普罗提诺以最简单的形式阐述关于道德和宗教的教导。"[①]在这篇短短的关于"第一善"的论述中，确立了"善—生命—死亡"的关系，普罗提诺认为："死亡是更大的善。在肉体里的生命本身就是恶的，而是灵魂通过自己的美德形成善，通过不过混合的生活，而是将他自己与肉体分离。"[②]从这里可以看出，普罗提诺继承了苏格拉底和柏拉图关于灵魂

---

① Plotinus，Ennead Ⅰ.7，p.267.
② Plotinus，Ennead Ⅰ.7.3，p.273.

与肉体的分离的研究,进一步认为灵魂具有独立存在的能力,灵魂的独立生活是善的生活的起点。他通过对"死亡"的理解,确立了灵魂的重生和善的生活的开始。

以此为根基,向前追溯,难道所有的人"死亡"之后都能实践善的生活吗？灵魂有没有恶的存在呢？在普罗提诺的哲学中,他并没有不认为有恶的灵魂,他只是说灵魂胆大妄为,忘记自己的父,走向外在世界,是灵魂的恶的开始,但他没有说灵魂是恶的。他一直强调人的情感、激情、欲望、痛苦、悲伤的来源是肉体,这些情感是质料,它们是恶的。在《九章集》的一卷一章《生命是什么,人是什么?》(*What is the living Being, and what is Man?*)中开篇,普罗提诺认为:

> 快乐和悲伤,恐惧和安全,欲望、喜欢和痛苦——它们是谁产生的？它们或者属于灵魂,或者属于使用肉体的灵魂,或者属于灵魂和肉体结合的第三种事物。①

在仔细考察这三个问题的基础上,普罗提诺认为灵魂是无恶的,灵魂具有趋向恶的功能,但是灵魂本身是无罪的。在这一点上,普罗提诺对柏拉图的灵魂有罪论进行了重新解释。他认为:"灵魂无罪论假设灵魂是单一的事物,并将灵魂与本质灵魂等同起来;灵魂有罪论将交织物附加给灵魂,灵魂本身就变成了复合物,成为各种元素的产物,作为一种整体受到影响,复合物有罪,柏拉图要惩罚的灵魂是复合物,不是那个单一的灵魂。"②普罗提诺的整篇文章围绕着情感和理性的来源进行研究,最后他提出了"我们"的概念,他认为:"是什么在实施着研究？是

---

① Plotinus, Ennead Ⅰ.1.1, p.95.
② Plotinus, Ennead Ⅰ.1.10, p.117, p.119.

'我们'还是灵魂？是'我们'，但是通过灵魂。"①他认为灵魂是"我们"的主导者，他也区分了我们的理智活动和灵魂的理智活动，"在这个意义上，理智活动是我们的，灵魂是属理智的，理智的活动是它的高级生活，当灵魂掌握了理智，理智就向我们显现，因为理智也是我们自己的一部分，靠着它，我们才能上升。"②由此可知，普罗提诺认为我们的理智来源于灵魂的智性活动，灵魂的智性活动来源于理智。"我们"借助着灵魂的智性活动才能抵达理智，从而抵达至善，形成至善论的分析。

这一章普罗提诺专注于"人的生命"的研究，并将"人"作为一种重要的中介。灵魂才是人的真正存在，他认为因"人"而建立起的文化是模仿性文化，不是真正的存在。在《九章集》一卷二章《论德性》中，他对柏拉图《理想国》中建立起的四种德性进行了重新定义，并认为："通过这些公民的美德不能达到像神一样。"③"像神一样"不是通过灵魂模仿其他事物达到的，而是对原理美德的知晓。普罗提诺认为："原理（λογος）德性比德性更伟大。"④因此，普罗提诺认为我们的德性存在必须要在模仿原理德性中取得，而不是模仿其他人的美德，从而形成了德性的两种取向：一种是对公民德性的强调；另一种是对原理德性的强调。前者专注于城邦社会，不会形成"像神一样"的美德；只有后者对原理德性的强调才能拥有"像神一样"的德性。

什么是原理德性呢？这与普罗提诺哲学的追溯方式有很大的关系。在普罗提诺的哲学中关于"形成原理"的论述是比较多的，形成原理可以追溯到"太一"之中，如果世界的本原是善，那么"形成原理"就是

---

① Plotinus, Ennead Ⅰ.1.13, p.121.
② Plotinus, Ennead Ⅰ.1.13, p.121.
③ Plotinus, Ennead Ⅰ.2.1, p.129.
④ Plotinus, Ennead Ⅰ.2.1, p.129.

在世存在者所有的善的根源,认识了形成原理,就与世界生成保持同一,也就是庄子的"齐物论"。普罗提诺经常用"种子"①或"精子"来表达在某一存在之中包含了其事物的形成原理,只有认识了其形成原理才是最高的善,这与现代的基因工程具有异曲同工之妙。对此,普罗提诺严格区分了感知觉和理智,他认为理智是获得形成原理的重要途径,通过理智的沉思,到达世界、宇宙形成原理的本原的地方,从而获得真正的善。

一、相似性 1:公民之善与城邦之善

一个生命呱呱坠地,就进入肉体的需求之中,在摄取营养的过程中不断地成长自己,而在这个过程中一个人也处在了两重身份之中:家庭和城邦。这是人类不容忽视的事实。善的问题伴随着人的成长不断地被强调。在家庭生活中,一个人要保持什么样的良好习惯;在城邦生活中,一个人怎样为人处世,怎样达到善?这在古希腊的哲学中得到了全面的解读。在古希腊的城邦之中,公共生活,即城邦生活,是一个人生活的重要组成部分。

在《理想国》中,柏拉图强调将所有的孩子都放在城邦中由专门的人士负责教育。家庭在柏拉图的哲学中并没有得到有效的解读。在柏拉图的哲学中强调血统,他认为应该将不同血统的孩子进行不同的管理,不能乱了血统,否则国家将会覆灭。亚里士多德在《政治学》中强调:家庭是城邦的最小单位,在家庭的基础上建立村落,在村落的基础上建立起城邦,形成不同的政体形式。为了维护正义和城邦的有序进行,对公民进行教育是重中之重。从古希腊最伟大的两位哲学家的观

---

① Plotinus, Ennead Ⅳ.3.10,p.67."种子中的理性形成原理形塑了生命存在,就像是一个小型的有秩序的宇宙。"

念来看，其家庭的观念，并不如中国《大学》中所强调的"修身、齐家、治国、平天下"那样有紧密的逻辑关系和实践准则。因此，古希腊对于善的教育也不是从家庭开始的，而是从城邦开始的。所以，在作为起点的古希腊哲学那里，人之善必然是作为公民之善，人之初的善恶并没有纳入必要的考察之中，而是根据父母的身份和地位，来基本判定孩子的将来。从荷马史诗和《神谱》所表现的内容来看，"家族谱系"是奠定公民城邦地位和城邦职责最常用的方法。作为城邦中的公民，各有各的责任和义务，城邦为各类人的存在提供了相应的岗位。亚里士多德在《政治学》中强调："凡隔离而自外于城邦的人——或是为世俗所鄙弃而无法获得人类社会组合的便利或因高傲自满而摒弃世俗组合的人——他如果不是一只野兽，那就是一位神祇。"①这个观念一直主宰着西方的国家生成原则，现代西方社会福利国家的建构基础仍没有脱离多元力量交织的城邦概念。

城邦作为多元混杂的整体存在，必然要制定相应的律法维护城邦的有序运行，法律的制定者必然是善的，必然对人的本性和人所从事的职业有着全面的了解，并对人的本质做出善的判断，相信人是可以为善，城邦能够成为善的集中场所。亚里士多德在《政治学》开篇高屋建瓴地讲道：一切社会团体都以善业为目的，而城邦是包括一切善业的最高最广的政治社团。作为城邦的统治者必然是善的化身，必然在善的原则的指引下，对城邦进行有序管理，不同地位的公民履行相应的职责，并享有相应的权利。作为管理者一方面保持城邦的有序运行，另一方面教育公民，以使得公民主动维护城邦的管理。因此，德性教育是西方教育的根本，是公民城邦生活的基本准则，也是各行各业赢得城邦尊

---

① 〔古希腊〕亚里士多德著，吴寿彭译：《政治学》，北京：商务印书馆，2010 年，第9 页。

重的前提。作为国王就应该有国王的德性,作为守城者就应该有守城者的德性,公民之善与城邦之善具有内在的一致性,只有这样才能建立起固若金汤的城邦,防止外敌入侵。正是这样的思维方式,造成了荷马时代和哲学家时代之间的区分,荷马时代所歌颂的奥林匹斯山(Olympos)的诸神和阿基琉斯(Achilles)的荣誉,在哲学家时代逐渐形成两极:形而上学的至善的神和可朽的人的激情、欲望和理性,以及由理性组成的城邦。

哲学家时代的文献为何至今仍能发挥重要的价值,因为哲学非常透彻地作用于人的本质研究,将人善的本性通过祛除不合时宜的欲望而完美地展露出来。哲学致力于发现"完善的自我",并在"完善的自我"的基础上来建构整个生命活动和城邦活动,而这些恰恰是对肉体的欲望的合理摒弃,并将意志放在理性关照之下,将实践诸活动放在理性范畴之下,发展出一种道德兴趣,在对德性的热爱中进行所有的世俗活动。在《申辩篇》中,苏格拉底认为:"不可一日不谈论善和其他各种主题""不经过这种考察的生活是没有价值的。"①苏格拉底教导雅典公民要天天谈论美德。古希腊哲人规劝管理者用善的方式来处理城邦事务,教育城邦中的公民用理性的方法来应对非理性活动,达到对自己权益的最大保护,其中辩论术和公民大会是这方面的代表。

古希腊善的标准更是通过"神的完美无缺"逐步得到确认的,通过向神而在的方式确立此世生活的价值。在荷马史诗中,"神人是同形同性",神也会争吵,也会嫉妒,也会打赌。在《欧绪弗洛篇》(Euthyphro)中,欧绪弗洛也持有这样的观点,苏格拉底:"同样的事情有些神认为是正确的,有些神认为是错误的,诸神因此发生争执而产生差别,相互之

---

① 〔古希腊〕柏拉图著,王晓朝译:《柏拉图全集(第一卷)》,北京:人民出版社,2002年,第27页。

间发生战争。是这样吗?"欧绪弗洛:"是的。"①从这里我们可以看到，早期希腊文明中，希腊神话与荷马史诗对希腊公民的教育意义是不容忽视，因为作为神话和史诗的古希腊文化艺术反映了人类自由的想象与生命境遇的完美融合的智慧。在《理想国》第三卷中，柏拉图对荷马史诗的批判，确立了神的完美无缺，并指出:"神明是邪恶之源是绝不可能的事情。"②因此，在善的问题上，古希腊人一直在寻找一个标准，作用于城邦，作用于公民，而这个标准恰恰是哲学家确立的。在《理想国》第六卷之中，柏拉图将哲学王放在了城邦统治者的地位。因为哲学通晓人的本质，通晓世俗生活的根源，只有哲学家才能有效地规定公民的行为准则，使城邦有序运行。

从《理想国》和《政治学》的主导价值观来看，公民必须是城邦之中的公民，公民之善作用于城邦之善，并在管理者正义的统治之下，形成有活力的城邦生活，城邦中各行各业，各司其职，其乐融融。在城邦繁荣的时代，这种善的文化，是一种令人向往的美好生活。但到了城邦衰落的时代，连年战争，关于城邦文化的道德律令不能作用于人心，必须发展出另一套关于善的文化表述，这就是普罗提诺在《九章集》中所强调的宇宙的完美，超越公民之善和城邦之善，并认为城邦之善来源于宇宙秩序的探索。

二、相似性 2：城邦之善与宇宙之善

关于宇宙之善的探讨集中在《九章集》的第二卷和第三卷，普罗提

---

① 〔古希腊〕柏拉图著，王晓朝译:《柏拉图全集(第一卷)》，北京:人民出版社，2002 年，第 240—241 页。
② 〔古希腊〕柏拉图著，郭斌和、张竹明译:《理想国》，北京:商务印书馆，2010 年，第 92 页。

诺关于宇宙之善分析,是将宇宙作为一个整体进行研究,并将宇宙整体分离出宇宙灵魂,探讨宇宙之善与宇宙灵魂之间关系。他还提出了宇宙的感知和理智的问题,在宇宙的范围内,他写了文章《是否星辰是我们的原因?》(*Whether the stars are Causes*)讨论了星辰与人世活动的关系,进而批判了占星术的思想。

我们必须指出,在普罗提诺的时代,关于宇宙的知识是有限的,但是通过观察,他认为宇宙是美和善的,宇宙中充满智慧,并且是通体透明的,纯净的,是人世完美的一种向往。在普罗提诺的哲学中,对宇宙的向往是他生命中重要的追求。他认为天体宇宙是灵魂下降首先进入的部分,也是理智界的最后和最低的部分①。天体宇宙作为他思考哲学无限敞开的秘密,他认为只有道德完善的人才能进入宇宙之中生存。这与古希腊早期建立起的天是乌拉诺斯的领地,是神圣的住所,形成对应性关系。在康德的《实践理性批判》结束语中也有这样的一段阐释:"有两样东西,越是经常而持久地对它们进行反复思考,它们就越是使心灵充满常新而日益增长的惊赞和敬畏:我头上的星空和我心中的道德法则。"②因此,宇宙的神圣法则,是古往今来的学者们思考的对象,也是超越人类世界,对人类世界法则解释的关键。

普罗提诺关于宇宙之善的探讨是"出神"的体验中产生的。因为在普罗提诺的时代人们是不可能进入宇宙之中得到宇宙的亲历性知识,他们通过一种神秘的体悟进入宇宙,从而获得宇宙存在的知识,而这种知识的获得方式早在毕达哥拉斯学派那里就得到了相应的研究。毕达

---

① Plotinus, Ennead Ⅳ.3.17, p.87, p.89.
② 〔德〕康德著,李秋零译注:《实践理性批判》,北京:中国人民大学出版社,2011年,第151页。

哥拉斯用"数"与"和谐"解释宇宙的知识，并用灵魂的轮回观念解释世界的生灭变化，这种解释的方式被柏拉图继承，并用"回忆说"进行表达了客观知识的可能性，直到普罗提诺专注于灵魂问题，毕达哥拉斯学派的"数论"与"和谐论"才得到有效的研究，这一点在朗吉努斯对普罗提诺的评论中说得很清楚。普罗提诺《九章集》的六卷六章即为"论数"，他认为：数是一种原理，是真正存在事物的源泉。数不是数数者的创造，它是理智界中的存在。他将数分为三个维度：理智界的数、实体的数和量的数。他认为：量的数是次要的，它的存在依赖于实体与灵魂中的数，因为只有实体与灵魂中数的存在，一事物才能成为一事物，才能成为量的存在被感知和区分。因此，普罗提诺的数论是事物内在的数。他说："如果某一特定的事物不符合其特定的数，它或者根本不能存在，或者变成其他的不懂数的非理性存在。"[①]这种研究的方式是"返回灵魂自身"发现理智，并通过数论形成的客观知识，通向宇宙真理，我们能在普罗提诺的这种"返回灵魂自身"的知识中，看到解释万物客观性知识。这与专注于城邦文化与公民的德性获得的知识是不同的，而是更为根本性的知识。这种知识在"返回自身—发现灵魂—运用数论—解释宇宙"中形成了有效的关联，从而使得世界在另一个层次上得到了解释——精神性的层次。

随着西方思想史的发展，精神性的层次伴随着数论和范畴论的不断地得到深化，形成模型论、模态论，作用于现象世界，将现象世界的显现做了一种参与性的研究，从而在解释问题的有效性上达到了通晓万物源起的秘密的知识。因此，围绕着"知识论"与"灵魂论"的关系，我们看到了关于世界的客观性知识，从而窥见了现象世界背后的秘

---

① Plotinus，Ennead Ⅵ.6.11，p.43.

密,在一种更圆融的层次上发现了伟大的造物神。从信仰的维度上来看,我们得到"灵魂论—知识论—神论"的有效统一,从而发现了现象世界背后的秘密,而这个秘密正欢呼雀跃地向我们的生命袭来,用以窥探自然以及整理城邦秩序,这种窥探同时助长了神圣性的权威。从伦理道德的角度,这种知识又确立了一种至高无上的存在:神。拥有肉体的人必然拥有各种各样的烦恼,这是任何人都不能逃脱的,神作为一个永恒完美的存在,是拥有肉体的人永远的追求,在世存在的肉体的人要永享神圣光辉,必然是德性完满,不会被肉体的负面情绪所占领的人。而那些生活在肉体的欲望之中的人,就生活在无穷无尽的欲求之中。当生命的欲求不能得到满足之时,尤其人不能"反观内视",拥有一种神圣的内在存在,内心也不会充满神性的光辉,自己奴役自己的生命存在永远不能逃脱。而这种"反观"恰恰是将天作为一个纯洁、高尚的象征,作为一种力量的流溢和充满。因此,神圣的人性存在必然是"反观内视"所达到的与宇宙的沟通,有时是借助一种媒介,语言、玉石或仪式,但是哲学家借助的是自己的理性,这种理性让他们通晓万物生成的秘密。

宇宙作为一个整体存在,必然拥有一个大全灵魂,普罗提诺认为:大全的灵魂具有超越性,并且它不下降,因为在下降的世界里它没有任何作用,但是我们的灵魂必须上升到大全的灵魂之中,我们才能得到宇宙的关心,才能把我们的存在放在宇宙智慧的高度。大全灵魂在高处存在,层级性地指导着宇宙的运行,大全灵魂的整体是善的,大全灵魂之中有各个部分,但是各个部分的灵魂不一定是善的。因为各个部分的灵魂组成了整体宇宙,整体宇宙在善的指引之下生活,而各个部分的灵魂作为各个部分的生活而存在,在善的整体原则之下,各个部分的灵魂可能各不相同。因此,整体的善不代表着各个部分的善，这也是宇宙创造的智慧。普罗提诺用戏剧做了一项比喻[①]，他认为宇宙的运行就像戏剧的演出，一定要有好人，有坏人，并且作为一个整体的戏剧来存在，而一部剧的好与不好，不是根据其中的演员角色的好坏来断定的。坏人在这部剧中扮演坏的角色，好人在这部剧中扮演好人的角色，只有各自的角色扮演的完美无缺，这部剧才能成为一部好剧，阿姆斯庄在简介中说："惩罚、受苦、不公正也是宇宙秩序的一部分。"[②]因此，在普罗提诺的宇宙之善的背景下，表达了对各种善恶人生追求的一种理解，从而体现了普罗提诺哲学的多元包容性，这与亚里士多德笔下的城邦有着异曲同工之妙。在《九章集》四卷三章，普罗提诺还说："人们不要认为秩序是没有神性的或不公正的，它精确地分配了每个人应得的，但是它隐藏了原因，而使得那些无知的人责备它。"[③]

从"戏剧"这个比喻延伸开来，可以发现普罗提诺并不是致力于将个体的人作为一个改造的对象。他认为宇宙和城邦的这种善恶相间的状态是宇宙和城邦的本质，只要有人类社会，就会存在这样的事实。我们也不用大惊小怪于这种人世间的生活。只要宇宙运行的整体的善存在，世界还是按照它的方式运行着，我们致力于探讨的美好的城邦与美好的人性只不过是人的一种幻想而已，满足的是人类自己的利益。在《大宗师》中，庄子有云："畸人者，畸于人而侔于天。故曰，天之小人，人之君子；人之君子，天之小人。"[④]这段话体现了庄子对人道善恶观的摒弃和对天道的推崇。在普罗提诺看来，我们对善的沉思，就是要抵达天

---

① Plotinus, Ennead Ⅲ.2.17, p.109.

② Plotinus, Ennead Ⅵ, p.29.

③ Plotinus, Ennead Ⅳ.3.16, p.87.

④ 〔清〕郭庆藩撰，王孝鱼点校：《庄子集释》，北京：中华书局，2018年，第249页。

道,只有这种沉思才能减轻实践的恶。戏剧需要各种角色来填充,宇宙也需要不同的存在来填充,世界才会生机勃勃,用一种超越的视角来看待整个宇宙,整个城邦,各种人生,而作为整体的善是不变的。无论人怎样恶或善,天地都没有变化,无论城邦的建构还是解体,天地也没有变化;变化的是人的欲望所支配的世界和城邦。因此,"人是什么? 人在世间应该怎样的生活?"成为重要的命题。人必须向天地和宇宙的至善学习,这是人的全部。

在历史性的和城邦性的人的生命中,都不能找到一种完美的人性改造的途径,只有向着宇宙,效仿宇宙,进入宇宙运行中的人,才能真正地永恒,永享善的福祉。此世的人,只有对善的无尽追求中,才能进入善之中。至善是世界的一种终极力量,这种力量主导着一切,但是在善下降的途中,善的力量逐渐减弱。普罗提诺认为:"在等级中的一、二和三,是根据力量而不同的,不是根据地位。"[1]至善作为一种形式而存在,普罗提诺认为:"形式能够产生子孙,其他的本性都是非生育性的。"[2]至善主导着宇宙的整体运行,而对个体的善的关注变得越来越微弱。在《法律篇》卷十中,柏拉图讨论了神是否关心个体的人的问题,个体的人在城邦的规则运行之中,剩下的是人的生命在城邦中的道德和良知的问题,但是这种道德和良知在面对一种外在的诱惑的时候,又是那样的脆弱。纳斯鲍姆(Martha Nussbaum)《善的脆弱性》(*The Fragility of Goodness: Luck and Ethics in Greek Tragedy and Philosophy*)在梳理古希腊悲剧和哲学的基础上,以斯多葛主义的视角,提出了"情感"问题,认为维持善的生活的艰难,做了一种"反至善论"的思考,产生了新的伦理视角,这种伦理视角将人的动物性本性彰

① Plotinus,Ennead Ⅳ.4.11,p.307.
② Plotinus,Ennead Ⅵ.4.11,p.307.

显出来，与以往人们对"至善"问题的探讨形成了不同的路径①。在普罗提诺整体的善的视角之下，纳斯鲍姆的观点并没有起到反驳的作用，因为纳斯鲍姆探讨的是普罗提诺的至善论的最底层，而普罗提诺选择回归于善的至上层，在纳斯鲍姆那里显然没有这样的一种理论关怀。在古代先圣哲人那里，存在着一种对世界本体善的向往。孔子《论语·卫灵公》中有言："君子固穷，小人穷斯滥矣。"②康德在《实践理性批判》中确定了道德原则是实践的最高法则，目的是将人的世界和城邦的世界带入有序的运行轨迹之上，实现一种大化的境界。普罗提诺的哲学思想，超越了政治哲学，但对政治哲学具有启发的价值。

一部戏剧必然要有好人和坏人，但是一部好的戏剧要控制在善的范畴之内，必须要有一种力量维持这种善的存在。在戏剧之中为编剧或作者，在宇宙之中就是造物主：神。因此，善的本质，在宇宙的主体之中，存在于一个无形的主宰者之中，通过对于主体的探讨。我们走到了世界的源头，各种事物产生的源头，在源头之中，我们发现了世界生成的秘密——"至善生成世界。"

三、至善生成世界

至善生成世界，在一些人看来，这也许是一个颇为空洞的口号，但是在普罗提诺的哲学体系中，至善是最高的实体，是世界源源不断地产生力量的本原。至善是智慧的最高圆融性，是世界作为终极存在的本质。至善，首先生成的是智慧之光。进入至善之中，就进入了宇宙的圆融性之中，这种圆融性不是作为质料的存在，不是最为身体的存在，也

---

① 〔美〕玛莎·纳斯鲍姆著，徐向东、陆萌译：《善的脆弱性》，南京：译林出版社，2007年，第1—44页。
② 杨伯峻译注：《论语译注》，北京：中华书局，2008年，第161页。

不是作为宇宙形体的存在,而是它们存在的根基和主体,至善是这些之前的存在,在宇宙形体、自然、身体和质料之上。至善首先生成的是实体,形成理智、是、数和多。理智和是无处不在,并在凝视至善的过程中成为自己。普罗提诺认为:"善的本性对它自己来说是完全自足的,根本就不需要其他事物。"①至善作为本原的存在,它自己并不下降,因为它处于最高实体之中。但是,至善具有饱和的流溢的力量,它的流溢使得宇宙充满了能量。在自然、动植物和人的世界里,至善之所以能够参与到宇宙和万物之中,完全依赖于灵魂的作用,由于灵魂进入高级世界之思,并将高级世界的秘密带入了作为宇宙和身体存在的人或其他动物之中,人或其他动物才能在世界之中生存,在世界上完美地存在。"理智作为一个整体总是处于上界,从来不会处于它的世界之外,它作为一个整体寓居于上界,通过灵魂与下界的事物交流。"②因此,灵魂是解释的根源,不通晓灵魂的问题,关于本体论的研究是没有任何意义的,灵魂的理智存在开拓出一个宇宙空间和形而上学的领域,这是普罗提诺哲学的重要价值。

从人类的沉思现象出发,我们发现了这种智慧的可能性,因为沉思必然有对象,沉思的主体并不是将主体的情感作为一种沉思的可能性,沉思必然是超越主体的情感。我们在主体的情感中生存并不能达到沉思的境界,因为情感的问题必然是与身体相关,与身体相关就是沉沦,这种沉沦是陷入了填补和空虚的无限循环之中。普罗提诺认为:"我设想,没有人会认为身体性的快乐能够与理智相混合。"③因此,沉思是必然超越身体的情感的,但是我们处于身体之中,如何超越身体的情感,

---

① Plotinus,Ennead Ⅵ.7.23,p.159.
② Plotinus,Ennead Ⅳ.3.12,p.77.
③ Plotinus,Ennead Ⅶ.7.30,p.179.

即使超越了身体的情感，我们能够发现什么？在普罗提诺哲学中领悟到本性的智慧。这种智慧必然在炽热的爱的氛围下才能得到至善的光临，很多人在进行理智的沉思的过程中，不能摆脱身体的情感，从而形成理智和身体的二元性的矛盾存在，形成在本体和现象，理想和现实的矛盾中痛苦挣扎的状态，再进一步思考，这种矛盾的状态是未彻底领悟人的本性和世界的秘密，处在幻想的执着之中。因为对沉思的探讨就是对爱的探讨，而这种爱是对身体性爱的超越，是对造物主的爱，这在柏拉图的作品《会饮篇》(*Symposium*)和《费德若篇》(*Phaedrus*)中都有详尽的阐述，在普罗提诺《九章集》的三卷五章《论爱》(*On Love*)中也有相应的阐释，他们都在论述中确定了两种爱：身体之爱和美善之爱。在普罗提诺看来，前者陷入一种丑恶的行动之中，后者才是真正的爱。后者超越了身体的虚幻和欲望性存在，是将欲望的问题转向了理智，转向对永恒实体的追求。爱超越了主体人的存在，是进行出神沉思的重要的途径。爱是主体人的情感，但是这种情感超越了主体的身体性需求，进入了爱作为主体之中。因此，它在超脱主体人的欲望的同时，进入了对客观对象世界的实体把握之中，这种对客观对象世界实体的把握也不是对对象呈现给我们的表象，而是对象的本质的沉思。因此，爱的沉思超越了主体和客体的表象，进入了实存之中。但是这种爱的沉思借助的主要途径是至善实体生成的数①，进行纯粹的抽象思考，并在形式的问题上作用于物理世界。因此，爱是穿透人的复合性存在的能力，并在超越性的层次上生成自己，形成神圣的爱。因此，爱、美和善，三者在超越性的问题上形成了统一。我们此世的存在必然能对在这三

---

① 在《九章集》的六卷六章的简介中，阿姆斯庄说："对普罗提诺来说不仅是太一，而且理智界的现实都是超越于论证性思想和语言的，但是传统的数—语言（number - language），像其他种语言，向我们解释并帮助我们直接的理解我们的目标。"

者的沉思中超越此世的泥潭,进入永恒性的思考。这种思考对于古希腊和古罗马的人来说尤为重要。在古罗马的伦理环境中,人的沉思和静观是重要的能力。因为古希腊和古罗马时期医药事业并不发达,在生命的最后的阶段中,人是痛苦的,伴随着肉体的衰老,疾病缠身,对痛苦的减轻只能靠哲学和意志对神的向往,对爱、美和善的追求在精神世界中减轻了肉体的痛苦。在古希腊和古罗马的训练当中对肉体疼痛的蔑视是其精神高贵性和意志坚强性的表现,对身体欲望的克服也是精神高贵性的表现。福柯在《主体解释学》中记载了这样一种训练:晨起进行一系列长时间的、吃力的身体训练,让自己增进食欲。这样做了之后,再到豪华的饭桌上面对非常丰盛的饭菜和最诱人的食物。人站在它们的面前,看着它们,沉思冥想。然后,呼唤奴仆,把这些食物送给奴仆,而满足于吃奴仆才吃的极其节俭的食物①。《论语》中,颜回同样具有"一箪食,一瓢饮,在陋巷,人不堪其忧,回也不改其乐"②的精神,这是作为人的精神追求和表达志向高洁的一种方法。因此,我们看到无论是与个人相关的美德,还是与国家相关的政治参与,对身体欲望与情感的超越是确立人的行动法则的根本,将身体的欲望放在理智的知识之下,用至善来管理人的欲望才能达至善的世界。

　　然而,现实生活中人们经常用知识来满足个人欲望,这种对知识的渴望是在主体性的欲望之中,形成两个重要的问题:有用和无用。在社会发展过程中,造成一种文化偏向,强调有用性,就是将人作为工具,形成有用性的善,但是在有用性的背后是无穷无尽的延展,人在这种延展中看不见尽头,这就是世俗生活。这种欲望建构起了科技的发展和

---

① 〔法〕米歇尔・福柯著,佘碧平译:《主体解释学》,上海:上海人民出版社,2010年,第 40 页。

② 杨伯峻译注:《论语译注》,北京:中华书局,2008 年,第 161 页。

人的世界的繁荣，但是从长久的发展来看，人是处于自然中的存在，符合自然的目的性是人类能够无限发展，取得自由的根本，而在科技领域内的发展造成的反生命和反自然的人造文化，能够使人的行动走向一种不符合自然法则的领域，而对整个生命活动的可持续发展来说是一种非至善的行为活动。在康德看来，这是一种偏好，偏好是私人的，不是规范和法则，偏好必须上升到规范和法则之中，按照规范和法则来呈现自己。在《实践理性批判》中，康德提出："我们在实践的考虑中必须从哪里开始：从每个人建立在他的偏好之上的准则开始，从有理性的存在者就其在某些偏好上相一致而言对它们的类都有效的规范开始，最后是从对一切人都有效而不管它们的偏好的法则开始。"①我们的至善行为活动，必然是在最后一种意义上得到有效的阐释，因此，必须在另一个层次上来发展超越主体性的存在，现实生活的所有不满都源于在主体的身体性需求和观念性需求的基础上来衡量知识的价值，从而形成了世俗生活的偏斜，不得不被一种外在的价值观念所主宰。因此，真正的至善生活是对身体需求和非必要的观念性需求的蔑视，以及对城邦生活的超越性，在精神领域的完满性。

　　至善生成世界，是事物的内在的光辉，是世界存在的终极秘密。借助着这种秘密，我们能够发现动物、植物和人的生存结构，以及其内在的同一性，有效而合理地治理动物和植物的世界，并在一种可循环的意义上保持一种生态的平衡。因此，世界必须在至善的意义上得到有效的关联。普罗提诺的哲学体系创造了这样一种模式，具有重要的价值，我们对恶的思考也必然得到相应的解释。如果至善是世界生成的秘密，善是通过灵魂凝视理智带入现象界的，那么，恶的问题必然是灵魂

---

① 〔德〕康德著，李秋零译注：《实践理性批判》，北京：中国人民大学出版社，2011年，第 63—64 页。

失去理智的维度，在陷入质料之中而产生的。因此，对恶的问题的反思是由于对美善凝思不足，而陷入肉体沉沦中的一种生活方式，形成了与善的世界的对抗性关联。

四、恶：灵魂的迷失与肉体的欲望

恶，在普罗提诺哲学体系中，占有一个小小的位置①。在《九章集》的一卷八章《论恶》(On Evil)中专门讨论了恶的问题，其主要观点是质料的恶，在于缺乏。开篇，普罗提诺用一系列问题将"恶"所牵涉的内容摆了出来，主要是以下三点：第一，恶是作为整体的现实，还是某一种现实，恶是什么？它的本性是什么？第二，如果万物的知识来自相似性，没有任何力量能让我们知晓恶。因为万事万物都处在理智和灵魂之中，它们是形式，产生关于形式的知识，形式的知识具有朝向理智和灵魂的本性，而恶"怎么"能在形式的知识中被认知，也就是说：只要认知就是在形式的知识之中，就处在善的关照之下了。关于这一点，普罗提诺认为：如果世界上没有善与恶，也就说明了事物本性的非选择性，这是不可能的。因此，关于此世的善与恶的问题一定是跟"选择"有关②，虽然他们都具有善的形式，但是有时善的形式却处于被遮蔽的状态，只有向内回归的反思才能具有善的视域，形成善的行动，从而过一种理智的生活。第三，当缺乏善的情况下，人们怎么能认知恶，并将恶作为一种存在呢？如果是这样，关于善的知识也就是关于恶的知识。我们看到：善是一种比较。这种最初的比较是与生命、宇宙联系在一起的。与痛苦或幸福联系在一起的，因此，即使在善缺乏的情况下，人们也会向往善，因为善好于恶，善是一种形式，恶是这种形式的缺乏，善

---

① 张映伟著：《普罗提诺论恶》，上海：华东师范大学出版社，2006 年。
② Plotinus, Ennead Ⅵ.7.23, p.159，p.161.

恶的问题也在时间的视域之中。

善恶在社会层面上是混乱的，只有上升到人本性的层面上才能得到有效的规定。当我们上升到灵魂的生活和理智的活动之中时，我们就拥有了具足的存在。我们抵达了至美的境界，它超越了所有的美，这里不缺乏任何形式，我们沐浴在永恒的智慧之光中，这里不缺乏爱，这里的爱高贵、完美、其乐融融。普罗提诺说："灵魂在外面围绕着理智舞蹈，凝视它，沉思它的内部而见到神。"①这里是一个静谧的世界，没有为了荣誉的战争，也没有为了嫉妒的争吵，也没有乱伦的噩运。有人说，神的世界里没有情感。然而，在神的世界里，为何还要羡慕基于肉体的人的情感，为何还要参与人世间的善恶？此世的我们要艳羡神界的光辉，即使我们抵达不了美善的本原世界，我们也不懈地努力向往美善的境界，只有这样，我们才能改造我们善恶相间的世界。

我们世界的恶，源于善的缺乏，更源于质料的纠缠。普罗提诺认为："恶不在真正的存在中，因为真正存在的是善，如果恶存在，那他一定在非存在的事物中，作为非存在的一种形式。"②他还说："整个的感觉世界是一种非存在。"③但他认为感觉世界不是绝对的恶，一定有一种没有任何限制的，绝对无形式，并且拥有我们所说的恶的本性的存在。普罗提诺认为："身体的本性，分有了质料，是恶的，但不是首恶，因为身体拥有某种形式，但不是真正的形式。"④灵魂本身不是恶的，但是柏拉图说过"邪恶的灵魂"，普罗提诺认为柏拉图的邪恶的灵魂是指灵魂的非理性部分，它能够接受恶。如果人的灵魂的理性部分也进入了

---

① Plotinus, Ennead Ⅰ.8.2, p.281.
② Plotinus, Ennead Ⅰ.8.3, p.283.
③ Plotinus, Ennead Ⅰ.8.3, p.283.
④ Plotinus, Ennead Ⅰ.8.4, p.287

灵魂非理性部分之中,人就被阻止看到善的一面,而是完全陷入"恶"之中,不能分享任何善,进入了善的缺乏状态,完美的灵魂指导它自己的向善行为,获得纯粹性存在,远离任何非形式的质料。普罗提诺认为:恶根植于缺乏之中,这种缺乏使人处在黑暗之中,恶是完全的缺乏,绝对的缺乏,这种绝对的缺乏被称为"质料"。普罗提诺对"缺乏"的研究是镶嵌在他整个"至善→至恶"的哲学体系之中的,因此,以"缺乏"为中心,普罗提诺还解释了疾病和健康,美和丑的问题。在"缺乏"的视角下,关于疾病和健康,美和丑的问题显得过于简单,因为疾病是缺乏善的形式作用于身体,健康则是善的形式作用于躯体的结果,这个善的形式来源于天地万物,来源于世界背后的灵魂、理智和太一的流溢。

在《乔姆斯基、福柯论辩录》(*Human Nature: Justice Versus Power: The Chomsky-Foucault Debate*)中,福柯认为:"人为什么在 18 世纪末开始解剖开人的尸体,以便了解造成人死亡的某种疾病的来源、根源和解剖学上的启发是什么?这个想法似乎很简单。然而,我们想到在患病的尸体上寻找疾病的原因,需要以西方四五千年的医学为基础。"①在尸体上寻找疾病的原因,却没有纳入西方的思维方式中去,因为人们一直把疾病归结为灵魂,而与身体没有任何关系。在早期的柏拉图著作和亚里士多德的著作中发现,他们将身体和水、火、土、气等物质元素等同起来,而人真正的存在是灵魂。所以,一切关于身体的疾病都陷入了对灵魂的考察之中,以宗教思想为中心,将疾病归结为邪恶的灵魂,这种灵魂观阻碍了认知的发展,具有一定的愚昧性,我们必须予以清除。

我们所探讨的"灵魂论"不是在医疗的意义上,而是在精神和肉体

---

① 〔美〕乔姆斯基、福柯著,刘玉红译:《乔姆斯基、福柯论辩录》,桂林:漓江出版社,2012 年,第 46 页。

关系的意义上。精神对肉体有一定的作用，但不是在邪恶的灵魂视角之下的探讨，邪恶的灵魂只是人的理性陷入非理性的情绪中，而非理性的情绪源于质料的束缚，在质料之中摇摆不定，而非邪恶的灵魂具有某种本质。美的问题也是"分有"了来自灵魂、理智和太一的流溢，而丑的问题恰恰是缺乏。普罗提诺认为："无形体的事物，以及能接受形体和形式的事物是丑的，因为他们在形成原理的力量之外，只要它们没有分享形成原理的力量和形式，它就是绝对的丑。"①因此，在"缺乏"的视角下，恶是纯粹质料的，它没有分有任何形式的存在，并且，美、健康、善在"缺乏"的视角下具有了同样的载体：灵魂接受了太一的光辉。从这个视角推进，我们发现秩序、法、规则、理性都是灵魂中太一流溢光辉作用于自然界和人类社会的结果，这些问题的探讨对于消除社会上恶的问题，具有重要的意义。

既然恶的问题仅仅是如此，在日常生活中，我们应该尽力避免身体的情绪对灵魂的影响，不要让灵魂陷入身体的情绪之中，保持灵魂的高贵性，时刻接受来自太一、理智和灵魂的至善流溢，形成充满喜悦之情的生命存在。在管理社会的维度上，用对身体情绪和欲望的治理，来治疗生命的不满和欲望的无限，通过哲学、文学、法学的教育建立起完善的善恶观念，实现社会性的人的再生产，保持对世界的有效治理，当然这些文化的社会层面并不是一成不变的，而在社会"被生成"的层面是永恒不变的，这一点毋庸置疑。无论中西古今，善的问题是在"社会被生成"的永恒维度，善必须被有效地思考。

在现代社会中，对于善的思考，有情感主义的倾向，情感主义是基于个人情感对于生活的向往和追求，在情感主义中，有至善的倾向，但

---

① Plotinus，Ennead Ⅰ.6.2，p.239.

是情感主义本身也会陷入恶之中,情感主义并没有对情感本身的多元性提供解读。情感主义在普罗提诺哲学的视域下,是基于灵魂的爱的意义上的情感主义,而不是基于人的多元性存在的情感主义。而现代世界人的情感的多元性本身,对道德的破坏,形成了道德词语的残余物。

第 3 节　至善问题的反思

普罗提诺的"善论"是一个庞大的体系,在形而上学的视角里还有一个关于数和知识论的维度,这个维度在本书的第 6 章来探讨,本章专注于探讨普罗提诺"善论"的伦理维度。普罗提诺"善论"与康德的"善论"具有异曲同工之妙,在《实践理性批判》中,康德认为:"如果不预设(由于他们只是纯粹的理性概念,所以不可能为它们找到相应的直观,因为不可能沿着理论的途径为它们找到任何客观实在性),亦即自由、不死和上帝,至善就是不可能的。"[①]普罗提诺关于太一和至善的讨论都在这三者的预设之中,关于自由的考察在灵魂与肉体的分离,获得灵魂的自由;关于不死的考察在灵魂进入理智中而获得永生;关于至善的考察在太一的流溢和回归之中。因此,普罗提诺的哲学的重要价值在于对整个世界进行了至善的归属研究。但是,普罗提诺哲学的缺点在于:他非常敏锐地发现将至善带入现象界是不可能实现的。他没有确立任何实践规则,他认为人只能沉思至善,只能发现现象界背后的至善的世界。

至善本身的思考也为我们治理现象界提供了可能性,只有在内在

---

① 〔德〕康德著,李秋零译注:《实践理性批判》,北京:中国人民大学出版社,2011年,第 125 页。

世界具有至善坚持的人才能成为改造世界的管理者,这种至善的可能性在整体的层次上得到了体现,而在具体的单个人的改造方面也具有重要的价值,但是在单个人与单个人之间关系的问题上,并没得到具体的论述,也就是说,作为国家中的单个人如何保障自己的权力,如何建构自己"善"的原则的价值取向,普罗提诺并没有将平等问题作为重要的思考,在劳动和剥削的问题上并没有提供关于平等原则的反思和研究,因此,在普罗提诺"善论"的哲学思想之中,人压迫人的社会现实并没有得到有效的反思,他的善的伦理学并没有为公民的平等和城邦制度的建构提供相应的思考原则。至善不存在于我们的世界,但并不代表我们不可能成为至善的存在,普罗提诺将这种善的原则带到了死亡之后,认为死亡之后才是真正的善的生活的开始,在彼岸世界普罗提诺确立起了至善的维度,这种学说实现了一种不可能的可能性。我们要返还到至善的世界,这样一种信念主导了此世的实践活动。

　　善的原则,消解了人的生命力。在普罗提诺的哲学中,确实如此,因为普罗提诺的哲学思想致力于彼岸世界的完满,但在康德哲学中并不是如此。康德哲学中有一个概念:意志。意志是强调人的生命力的,但是康德的做法是让意志的运行符合道德原则,他说:"行动的一切道德价值的本质取决于道德法则直接规定意志。"①这种规定不是出于一种外在的目的性要求,而是纯粹的内在原则。康德提出了一个概念:道德兴趣。这种"兴趣",不是基于个人喜好、趣味,而是基于行动的道德原则。康德认为:"假如一个有理性的受造者在某个时候能够做到完全乐意去执行一切道德法则,那么,这就会等于是说:在他心中连诱惑

① 〔德〕康德著,李秋零译注:《实践理性批判》,北京:中国人民大学出版社,2011年,第 67 页。

他背离这些道德法则的一种欲望的可能性也不会存在。"①

我们看到在康德道德原则之中,我们是基于纯粹的意志,对道德原则的向往而完成的行动,这种行动拥有一种对道德原则的浓厚的爱,这种热爱道德原则的冲动超越了一切的生命原则,是生命在道德原则中的呈现。因此,康德哲学在改造人性,建构善的社会方面具有重要的价值,并且康德用了一个非常自由的表达:完全乐意。康德的道德原则是人性高贵的表现。普罗提诺的"善论"则不同于康德,康德把上帝、灵魂和自由作为一种至善的途径,专注于我们的行动问题,可以说康德的"善论"的论证方式更接近于柏拉图。普罗提诺说:"柏拉图,将快乐混合进终点的客体之中,没有把善当作单一的,或理智中的存在,就像他在《斐利布篇》中所写的,也许是因为他意识到这种困难性,而不把善放在快乐中——在这一点上,他是正确的——他也没有认为他应该提出没有快乐的理智作为善,因为他没有看见快乐向善的移动。……柏拉图没有寻找至善,而是寻找我们的善。"②而普罗提诺的"善论"不是一种我们的善,而是寻找一种至善,是一种回归,这种回归在某种意义上说,否定了生命,否定了城邦的价值设定。普罗提诺的"善论"是在灵魂与肉体分离的基础上产生的,并在灵魂的基础上建构了一整套关于至善世界的体系。而灵魂问题的真实性是致力于人死后的完满性,受毕达哥拉斯和柏拉图的影响,并在处在原始宗教文化辐射之中。我们当下的哲学研究并不承认灵魂与身体的二分,并否认灵魂向上的实在性,将善和智慧的问题仅仅作为此世行动问题的一种思考基点,将善的问题纳入城邦和身体的文化之中,从而形成制度、法律、规则,在遵守的前

---

① 〔德〕康德著,李秋零译注:《实践理性批判》,北京:中国人民大学出版社,2011年,第79页。

② Plotinus,Ennead Ⅵ.7.25,p.164,p.165.

提达成一致,形成有效的社会监督。

　　普罗提诺的"善论"形成于特定的历史时期,并影响了奥古斯丁。奥古斯丁在受到摩尼教思想的影响之下,陷入了善恶二元论的思想之中,直到他接受了普罗提诺的"善论"才走出了善恶二元论的泥潭。另外,奥古斯丁又发展了普罗提诺的善论,用普罗提诺的至善论来解释天使和魔鬼等问题,用于对《圣经》思想的阐释①,这方面的论述我们可以在《上帝之城》中找到相应的答案。奥古斯丁的"美是整一"的观念也受到普罗提诺思想的影响,我们看到在六卷六章《论数》中,普罗提诺说:"宇宙是大而美的,这是因为它没有进入无限,而是被一限定。"②普罗提诺用美的问题表达了对整体宇宙的关照。普罗提诺哲学在"至善"的讨论上是其他哲学思想难以超越的,并为后世的基督教思想的阐释和传播做了一个铺路者的角色,虽然普罗提诺及其弟子波菲利对基督教都持有反对的观点③。

---

① 吴飞著:《心灵秩序与世界历史》,北京:生活·读书·新知三联书店,2013 年,第 77 页。
② Plotinus，Ennead Ⅵ.6.1，p.13.
③ 〔英〕爱德华·吉本著,席代岳译:《罗马帝国衰亡史(第一卷)》,长春:吉林出版集团有限责任公司,2008 年,第 446 页。

第 5 章

美善：灵魂回归
本体界的重要途径

前两章探讨了普罗提诺哲学中的美善问题,这一章将普罗提诺的"美善"问题做一哲学式的陈述总结,用相对明晰的语言来表达其哲学思想。将灵魂作为一种载体,把美善、秩序、法、伦理、道德、政治等所有问题作为灵魂的内容,进行一个普遍有效性的研究。本章的标题用了"否定"①这个词,是因为找不到更加完美的词汇来表达超越性,其实"否定"并不是忽视、不存在、虚假、幻象等问题的代名词,"否定"只是一种已知其存在,而不生存在其中,在更高的存在中发现已知是如何生成,最终居于生成源头的一种思维方式,也就是说是本质的思维方式,更是苏格拉底和柏拉图式的思维方式。

第 1 节　否定 1：生命的美善

　　生命的美善,是中国哲学和中国传统文化的精髓。"生生之为大

---

① 〔德〕黑格尔著,贺麟、王太庆译:《哲学史讲演录(第三卷)》,北京:商务印书馆,2009 年,第 215—217 页。

德",是对宇宙和人的生命的敬畏。而在普罗提诺哲学中,并不存在这种敬畏感。他将生命作了对象性和超越性研究,他认为:"任何人如果对死亡不满,因为生命混合着死亡,那么他所不满的生命,就不是真正的生命。"①在普罗提诺看来,生命混合着死亡,只有对死亡有深刻思考,才能认识到生命的价值,真正的生命是灵魂理性向善的存在,灵魂不与肉体有任何的混合,这样的生命才能确立起完善和完美的世界。

在《九章集》的一卷一章《什么是生命存在,什么是人?》之中,开篇就将身体和灵魂进行了一种区分研究,他说:

> 快乐和悲伤,恐惧和无耻,欲望、厌恶和痛苦,它们是谁? 它们或者属于灵魂,或者属于使用肉体的灵魂,或者属于灵魂和肉体的结合(结合在两种意义上被理解:一是混合;二是由混合产生的不同的事物)。同样,我们也要考察意见、理性和行为,看看它们是否与情感有一样的所属,还是属于真正的意见和理性,或者是一些其他的不同的事物。我们也要考察智性行为,看看它们是怎么发生的,它们属于谁。②

情感是人的情感,为何要区分为灵魂和肉体关系中的情感呢? 在《九章集》一卷九章《论与身体分离》(On Going Out of Body)中,普罗提诺还讨论了自杀的问题。他认为:通过自杀的方式让灵魂脱离身体与身体自然死亡的方式让灵魂解脱之间是不同的,前者有罪,伤害灵魂,除非在特殊的情况下,才可以采取自杀③。我们看到普罗提诺人论

---

① Plotinus, Ennead Ⅵ7.29, p.177.
② Plotinus, Ennead Ⅰ1.1, p.95.
③ Plotinus, Ennead Ⅰ.9, p.321.

的神圣性是对生命的否定，但不是对生命的藐视。相比于中国老庄哲学的贵身、患身、忘身、齐物、物化、心斋、隐机坐忘、鼓盆而歌、达观知命中，都没有明确提出柏拉图和普罗诺哲学中的灵魂与肉体分离的问题，因为中国老庄哲学只不过解释了人的生命抵达的一种澄明状态，与天为一，与道同游的生命境界，是专注于生命现象的学问，并且在道教的修仙和炼丹文化中，追求的是长生不老。

接着中国文化中的"神思"问题继续探讨，并将"神思"当作一个人死之后仍能存在的世界，并认为神思的世界生成我们的世界，我们是在灵肉二分的基础上来讨论问题，我们就进入了普罗提诺哲学之中，在"神思"的过程中，必然要祛除身体的影响。《庄子·齐物论》中有言，形如槁木，心如死灰。但是，中国文化同时也讲究"修身""养气"，如果用灵魂论来探讨，是灵魂对身体的关照，福柯的《主体解释学》代表了西方伦理学的这个维度，然而在普罗提诺的哲学中强调的是灵魂对理智的沉思，与身体之间形成的是否定性关系。因此，种种迹象表明，普罗提诺的哲学思想走得太远，与中国传统文化背道而驰，用一个基本的命题就是：否定生命的美善。

生命（βίος，life）在普罗提诺的哲学中分为宇宙的生命、动物的生命、植物的生命和人的生命。K.麦克格罗特的《普罗提诺论幸福》在分析古希腊文的基础上，仔细地对比了亚里士多德、晚期斯多葛学派和普罗提诺的幸福论。他认为普罗提诺的生命由动物、植物、人共同分享，但是幸福只有人能够抵达，因为只有人拥有理性，理性来源于理智，是世界生成的本体。理性的人形成内在的人，动物性的人形成外在的人，理性的人是灵魂向着理智的存在；动物性的人是灵魂向着身体存在。[1]

---

[1] Kieran McGroarty，*Plotinus and Eudaimonia*，Oxford University Press，2006，p.xv~xx.

在施罗德看来："可以用主人和奴仆之间的关系来阐释灵魂的高级部分和灵魂的低级部分之间的关系。"[1]灵魂的身体性存在是向着外在世界而存在的,灵魂的理性存在是人类反思身体性生活现状和生命状态的本体。身体性的满足是容易的,但是如果陷入对外在世界无限的欲求之中,生命和身体就会进入疲惫不堪的状态,而此时只有内在理性圆融的人才能反思,才能获得幸福。这种幸福的状态,就像干渴的人获得了清泉。在幸福的状态中,人感到神圣的光的降临。

　　普罗提诺否定生命的美善,主要是否定动物性的美善,因为人的动物性美善是人通过肉体感知外在世界而产生的,而这不能抵达美善本身。从这个观点来看,普罗提诺的哲学继承了苏格拉底的思想,是禁欲主义的。在灵魂的理性存在和灵魂的动物性存在的探讨中,他认为人能永久享受灵魂的幸福状态,但这种追求的满足必须假定两种存在:第一,肉体的人死亡之后,灵魂的人能继续存活,成为宇宙中的高级存在或低级存在;第二,灵魂必须有一个存在的世界——理智界。如果这两点假设成功:一方面使人超越了生命的有限性时间,使人能够与宇宙的无限存在合一;另一方面使得人能够超脱身体性的存在而追求精神世界的圆满。在精神世界的圆满中,现象世界不断地得到改造,从而形成了"美好的社会现实",它同时超脱了因权力、名誉、利益和需求的不满足而造成的彼此之间的算计和阴谋。在这种意义上,生命就不是肉体的人,而是成为一种精神。此时,我们才能谈论"爱"的问题。爱是精神的人与精神的人之间的沟通,它不以生殖为目的,更不以肉体的欢愉为目的。在理性的人和动物性的人这种区分中,体现了神圣和世俗二分的原则。但是,在现实层面来看,精神的完满性也不能抵达完满的

---

[1] Frederic M. Schroeder, *Form and Transformation*, McGill-Queen's University Press, 1992, p101.

社会。因为精神和精神之间的冲突也会造成社会问题，恩培多克勒（Empedocles）就提出了友爱和斗争的问题。亚里士多德在《尼各马可伦理学》中对"友爱""德性"等伦理问题的强调开辟了一条精神和精神沟通的道路。

由此可知，在普罗提诺的哲学中，生命的美善是被"肢解的"，生命的美善呈现的路径不是灵魂和肉体的复合物存在的美善，而是灵魂的美善，灵魂的美善是灵魂专注于理智的美善，这与亚里士多德的"静观"和"沉思生活"有着异曲同工之妙，但是在阿姆斯庄的《普罗提诺》中，他认为："在中期柏拉图那里有很强烈的反对亚里士多德的倾向，普罗提诺意识到这个问题，但是接受了他们的观点。"[①]在《论灵魂》中，亚里士多德认为：灵魂是静止的，灵魂是本原的存在。但是，在普罗提诺的哲学中，他超越了亚里士多德，因为灵魂是静止的，阻碍了普罗提诺对本体界与现象界区分的思考。因此，在普罗提诺的哲学中，他强调理智是不动的整体存在，灵魂是运动的，灵魂进入理智存在，这是形成现象界万事万物的原因。人回归理智界，即是回归自己的本体。亚里士多德同样强调理智，但是只在沉思生活与获得静观的意义上，亚里士多德并没有将灵魂作为上界和下界的中介。而普罗提诺的这种提法，是对柏拉图理念世界的深入研究。"生命"在这种研究中就不是生物学意义上的生命，因为生物学意义上的生命与亚里士多德说的感觉能力、营养能力、思维能力和运动能力相关。

但是在普罗提诺的生命论中有一种导向：重新肉身化。这继承了柏拉图在《斐多篇》中强调的"灵魂使用不同的肉体"的问题。同时，重新肉身化的问题对于理解《圣经》中的"神迹"问题提供了一种古希腊的

---

① A. H. Armstrong, *Plotinus*, Collier Books, 1962, p.21.

解释。最终形成了普罗提诺的"太一、理智、灵魂"三一体与基督教"圣父—圣子—圣灵"三一体思想之间的相互阐释的关系,这种相互阐释的关系使得柏拉图哲学通过普罗提诺的阐释具有了通向中世纪基督教神学的途径。在《形式与变形》中,施罗德认为:"普罗提诺的太一、理智和灵魂的三一体,不应该仅仅被认为是普罗提诺思想的表达。这里含蓄地表达了太一和理智的三个时刻,形成了重要的三一体关系:居于、过程、返回,这个过程也在灵魂和理智的关系之中。相对于普罗提诺的'太一、理智、灵魂'三位一体的关系,这种三位一体关系对于基督教神学的历史的更为重要。"①这里,施罗德将普罗提诺的三本体思想在两个本体之间设定一个回环,这细化了普罗提诺的三本体,这种思想更接近普洛克罗的思想②。其实,在普罗提诺的哲学中,三本体只是一种解释途径,他与《新约》中的"耶稣受难、上十字架、复活"之间的没有任何关系。施罗德的这种解释明显是将普罗提诺的三本体思想与基督教神学的三一体思想进行了比较和沟通。这种比较和沟通恰恰使得普罗提诺的思想基督教化,如果我们从柏拉图和亚里士多德的线索来理解普罗提诺,得出的是完全不同的三本体的概念,这一点在本书第二章阐释得很清楚,并且普罗提诺的三本体只是用来揭示世界生成原则的一种途径。在施罗德对普罗提诺的解释中,他持有阐释学的观点,试图在阐释循环的意义上对普罗提诺的哲学解释达到完满。虽然普罗提诺本人也强调他的三本体是对古希腊哲学思想的继承和阐释,并且普罗提诺明确说明不要对三本体进行再分,但在普罗提诺的哲学思想中体现为

---

① Frederic M. Schroeder, *Form and Transformation*, McGill-Queen's University Press,1992,p.107-108.

② 〔美〕大卫·福莱主编,冯俊等译:《从亚里士多德到奥古斯丁》,北京:中国人民大学出版社,2004年,第447—450页。

不同于任何希腊思想家的哲学的深度，这种深度在宇宙论、自然论和生物论的意义上具有很高的价值，如果只是用阐释循环的方式使得其思想达到一种圆满性，就丢弃了宇宙论、自然论和生物论意义上的三本体解释学，而三本体解释学只是把握世界的工具，这一点必须明确。

否定生命的美善，是普罗提诺哲学进入本体界的重要途径。否定生命的美善并不代表生命中没有美善，而是认为生命中的美善来源于更高的存在就是理智的美善，理智的美善包括：秩序、法则、自由意志、原理，等等，这是世界成为世界，人成为人的根本。

第 2 节　否定 2：城邦的美善

在灵魂面向肉体的关系中，世俗生活产生了。这种世俗生活最初并没有反思意识，它与自然保持一致，所有的生活都来源于天空和大地的生产。动物在大地的生产中，与自然保持为一，是自然循环的动力。而人，总有一些好逸恶劳的，在烧杀抢掠的过程中确立自己的法则，也总有一些人在对抗烧杀抢掠中确立城邦的法则，城邦在这种纠结的多元力量中建立起来，而大部分人作为吃苦耐劳的生产者提供了城邦的基本需求。人为了满足自己的身体需求和安全保障，为了繁衍后代，用脆弱的生命结成了城邦，让人能够永享城邦生活的福祉。而城邦在成为城邦的过程中，不同的阶层必须创立不同的文化和需求。城邦必须设定城邦中公民生命的意义，这种设定目的在于抵达城邦的美善，同时也是世俗生活的美善，这是政治哲学的主要内容。

然而，当我们以荷马史诗所记载的"特洛伊战争"为蓝本，反思人的生命时，城邦美善并不是生命的长短和肉体的享乐生活。什么是城邦的美善？城邦最主要的功能是千方百计地阻止外敌入侵，并且适时地侵略其他城邦,获得利益。赫拉克利特认为:"战争是万物之父,是万物之王,它显明这些是神,那些是人,它使这些成为奴隶,那些成为自由人。"①"战死的灵魂比死于疾病的灵魂更纯洁。"②赫拉克利特用对立统一的观点解释了城邦间的战争,并认为战争是世界生成变化的原因。在柏拉图的《理想国》中,柏拉图批判了赫拉克利特和荷马史诗意义上的城邦和战争的概念,并且批判了神与城邦战争之间的关系,逐渐将"神的世界"与"人的世界"分离开来。《理想国》主要是针对人的世界,在"正义论"的基础上建立起美好的城邦,这个美好的城邦是人与人之间的城邦,是理性的城邦。"正义论"包括总体的正义和具体行业的正义。总体的正义即至善,具体行业的正义是诸善,整个城邦在善的相互关联中形成人们世俗生活的场所。"正义"不是"出征"的名目,正义也不是统治者管理被统治者的手段。正义是思考人与人之间关系的重要法宝,正义是城邦的整体利益。

在城邦的意义上,希腊悲剧作家也反思"特洛伊战争"所带来的创伤记忆,并将其纳入公民的日常生活之中。在埃斯库罗斯的悲剧《阿伽门农》中,有这样的表述:"须知家家都曾送征人,/而今各个企盼征人返,/但见那罐罐骨灰,/替代亲人返故里。"③在悲剧的内部形成了对战争的反思,以及对美好生活的向往。在悲剧中,尤其是"女人"对城邦战争的反思,关于"海伦"的意义,国内学界多将其当作自由的"爱与美"的象征。然而,在古希腊悲剧作家的视角下,她是祸国殃民的代表,她没

----

① 〔美〕G.S.基尔克、J.E.拉文、M.斯科菲尔德著,聂敏里译:《前苏格拉底哲学家》,上海:华东师范大学出版社,2014年,第289页。
② 〔美〕G.S.基尔克、J.E.拉文、M.斯科菲尔德著,聂敏里译:《前苏格拉底哲学家》,上海:华东师范大学出版社,2014年,第309页。
③ 〔古希腊〕埃斯库罗斯著,张竹明、王焕生译:《古希腊悲剧喜剧全集·阿伽门农》,南京:译林出版社,2007年,第302页。

有严守自己作为妻子的准则，帕里斯没有严守作为客人的准则，这些
"无礼"的行为，为特洛伊城邦和雅典人带来了巨大的灾难，"她害船害
人害城邦。"①"啊，啊，疯狂的海伦，/你一个人把许多人，把许多人的/英
灵害死在特洛伊城下。"②作为叠唱曲出现在歌队中。在悲剧家的笔
下，"正义"的命运终要实现它的公正，作为战争的指挥者阿伽门农死在
自己家的浴缸中，自己的妻子亲手结束了这个战争将领的生命，正义似
乎是一种轮回，阿伽门农"为一个女人忍受了无数痛苦，/又在另一个女
人手里遭杀戮。"③以"女人"为缘由挑起战争，又以"女人"为中介杀死
了战争的指挥者，又以女神"雅典娜"（智慧女神）结束了这场因"特洛伊
战争"而挑起的"家族杀戮"，正义要实现它从祖辈继承而来的轮回。在
悲剧的反思中，对战争的控诉以及对德性的尊敬纷至沓来，只有德性高
贵的人才能免于战争的痛苦。

在《理想国》中，柏拉图认为这种反思削弱了城邦的战斗力，他主张
将悲剧作家和诗人逐出理想国。但柏拉图不是以一个好战者的姿态来
宣布理想的城邦，而是以制度和法律，结合着人的德性，对各行各业的
生活进行了规范，对城邦的统治类型，教育方式，人的理性、知识、情感、
欲望进行了全面的解读，并将哲学家放在了城邦统治者的位置。我们
看到：在《理想国》和悲剧《阿伽门农》中，柏拉图和埃斯库罗斯在城邦
的问题处理上是不同的，表面上，柏拉图对悲剧作家进行了抨击，但是
在深层意蕴上，他们的目的是一致的，为了美好的城邦生活和人们的幸

① 〔古希腊〕埃斯库罗斯著，张竹明、王焕生译：《古希腊悲剧喜剧全集·阿伽门农》，南京：译林出版社，2007 年，第 315 页。
② 〔古希腊〕埃斯库罗斯著，张竹明、王焕生译：《古希腊悲剧喜剧全集·阿伽门农》，南京：译林出版社，2007 年，第 360 页。
③ 〔古希腊〕埃斯库罗斯著，张竹明、王焕生译：《古希腊悲剧喜剧全集·阿伽门农》，南京：译林出版社，2007 年，第 360 页。

福，只不过悲剧作家是情感式的，柏拉图是哲学式的，他们在各自的岗位上为城邦的安定立法。

在埃斯库罗斯和柏拉图的时代，城邦生活得到发展，各行各业确立起了自己的职责。战争是保存城邦实力，抵御外敌入侵，扬名于四方的重要手段。在完美的城邦时代，战争仍不会消除，因为战争是人类统治欲的外化。从历史的视角来看，战争有利有弊，虽然战争带来大量的人员伤亡，但战争不仅促进了人类科学技术的发展，尤其推动了文化的交流。战争的威慑力远远大于文化艺术的影响力。在中国，以鸦片战争的历史事件为例，它形塑了中国近代发展史，无论是政治、科技、文化，还是人的精神面貌和生活形态，都发生了前所未有的改变，这种改变以历史记忆的方式作用于人们的日常生活。在反思罗马帝国的衰亡时，基督教的传播和发展作为罗马帝国衰亡的原因之一。因此，文学、艺术所代表的文明与城邦之间到底是怎样的关系？文明城邦是否有美善？这种美善对世界有什么意义？面对野蛮和暴力的时候，美善有什么价值？

在城邦的意义上，文明似乎与野蛮相辅相成，有多野蛮就有多文明，文明是对内的，野蛮是对外的。在这个意义上，西方所谓的城邦不会是天下人的城邦，这与梁启超先生的"天下为公"思想相差甚远。中国文化讲"德性"与"知行合一"，很难用一种现实的东西来衡量，因为中国的德性问题不在理智结构之中，理智结构是城邦结构的根源。因此，在现实层次上，中国文化不如西方文化结构精致，规定清晰。如果不将法则嵌入人的内在行动逻辑之中，成为人的心灵的主导原则，现实中的行动就会产生五花八门的样态，从而解构了一致性的深度。中国文化借助诗，西方借助哲学，中国诗文化直抵人心，西方哲学需要借助概念能够将问题的核心一步一步追究出来，体现为逻辑主义和本质主义。

　　随着中国诗学思维与西方哲学思维的相互融合，以及西方哲学认识论、语言论和存在论的相互交替，本质主义逐步遭到了扬弃，因为本质主义假定了世界存在的原因，而现实本身并不一定为着某个"原因—目的"而存在的。在普罗提诺的哲学中，他经常用"牛角"和"牛"做比喻，牛为什么有牛角？是为了防御吗？不是，因为它是牛，它就有牛角，你一定说牛的牛角是因为某种目的而存在的，这是不符合事物本身的存在，不符合"是其所是"的问题。这种目的论符合人对世界认识的同一性原则，人会在目的论的背景下，提供一种阐释，而这与世界本身的呈现是背道而驰的。中国的诗学本身，根本不讲目的论，也不去探讨世界本身是什么。在《周易》中，用阴阳和六爻，形成八卦，解释世间万事万物的形成和分离，事件的起因、经过和结果，没有一种固定的解释模式，而是变化无穷，中国文化是非常讲究"时机"的。因此，中国根本就没有西方意义上的城邦，中国的思想是"天下"思想，在天之下与在地之上。在现实生活，中国文化讲究知行合一，与西方的理论格格不入。本质主义、非本质主义、反本质主义、启蒙运动、浪漫主义、现实主义、后现代主义，等等，在中国的现实生活中根本就没有这些讲法，就是在诗文评论之中，也没有什么概念思维。如果要继承中国文化传统，而我们的现代的解释又在西方的城邦、正义、自由、平等概念思维之中，用西方的概念来解释中国传统，这就是一场错位的游戏。因为，西方的概念思维在荷马史诗、苏格拉底、柏拉图、亚里士多德等等前辈的诗人和哲学家中就确立了起来，而本体论、认识论、语言论或存在论的几大哲学转向，是经历了三千年的西方哲学发展史的，它形塑了西方人的思维模式，如果我们直接运用这几大论述中的思维来建构中国的当代文化和哲学思潮，这无异于在汹涌奔腾的西方智慧之中，撷取了一瓢水，用来理解奔腾不息的中国文化之河，如果中国的学界都在撷取西方的一瓢水，用来治理中国文化的问题，那中国文化的问题不但不能解决，而是变得越来越大。

中国的天下结构，造成了中国文化的一以贯之；西方文化的城邦结构，导致了西方文化的变迁、消亡和重建。因此，中国是世界上文化持续最久的国家。无论是蛮夷入侵，还是列强围攻，中国的天下观念并没有丢失，士以天下为己任，每一士都是天下之士，以己安天下。西方的城邦文化在外敌入侵之时，很容易被洗劫，因为西方的文化是城邦文化、职责文化，城邦安定的因素在于统治者和士兵。中国兵法的高妙在于"不战而驱人之兵"，这些都使得中国文化的灵动性以及对人的尊重。中国大都在本土疆域内作战，虽然南北不同，但是都有"包举宇内，吞并八荒"的雄心，形成了"中原文化格局"。古希腊的战争，是以掠夺为中心的，重要的内容是返乡，在《奥德赛》（Odyssey）中，这种思想表现得极为清晰，奥德修斯（Odysseus）不惜千辛万苦，终要返回家乡。学者们的解读多为：灵魂归家，或者乡愁。其实，从城邦的角度来看，这种返乡是西方城邦文化的作用，因为希腊文化的核心是城邦，而不是天下，如果他以天下为中心，那么在经历了十年艰苦攻陷了特洛伊之后，就不必返乡了，因为特洛伊就是他们的家园。另一例子就是十字军东征，他们是为了土地而战，所以，西方城邦的文化是小文化，并没有以天下为己任的胸怀。中国的战争，在于攻城略地，一旦打下城池，城池即是我的家园，在这种天下家园之说的背景下，不同的文化得到了沟通和融合，发展出具有多元包容性的中原文化。复仇在西方文化背景下显得最为关键，往往是在正义的名号之下，在城邦之外发展出一种力量，来摧毁城邦。而在中国文化背景下，复仇往往形成一种"掎角之势"，讲究谋略，西方更重视器械和兵力。

如果将古希腊的神话和城邦背景下的世界，转换成中国天下观的世界,这种转变用西方的发展史来看,是中世纪的基督教神学,人是上帝的创造,人属于上帝的子民,从而超越了城邦文化。我们看到普罗提诺哲学思想提供了这样一种阐释,因为在荷马史诗背景下,每一个城邦都有其守护神,守护神与守护神之间的矛盾和争吵是城邦战争的主要原因。而在普罗提诺的哲学中,城邦的守护神作为战争的原因被取消了,普罗提诺更多探讨的是个人的守护灵。因为守护神在罗马的世界里逐渐转变为家神,这与特洛伊的陷落和埃涅阿斯(Aeneas)的逃离有关,并且埃涅阿斯被称为罗马民族的开创者。因此,在罗马和希腊的渊源上,一个是主动,一个是被动,在特洛伊这场战争的结局中,已经预示了截然不同的古罗马和古希腊世界,荷马史诗对城邦守护神的赞美中形塑了古希腊的神圣信仰。"荷马史诗以吁请缪斯(Muse)唱诉阿喀琉斯的愤怒与讲诉那位机敏的英雄起头;维吉尔(Virgil)以宣称自己唱诉战争与一个人开篇。"①在《埃涅阿斯纪》(Aeneid)中,描述更多的是亲人和友人因战争所带来的离别和埃涅阿斯的痛苦与孤独,维吉尔深深感受到了这种痛苦。在《埃涅阿斯纪》中,虽然也效仿荷马史诗将神作为先知,而人与人之间的关系成为叙述的主线。在普罗提诺的哲学中,守护神转变成每一个人的守护神,普罗提诺没有探讨城邦的守护神,因此,城邦和城邦之间战争的原因不是因为守护神,而是因为人和人之间的利益之争。

普罗提诺从灵魂和身体的关系入手,重新恢复了古罗马生活的神圣性,在纯粹灵魂论的视域之中,消除了战争和恶的问题。在这种认识之中,普罗提诺使得古希腊的文化超脱了城邦文化,他对柏拉图和亚里士多德的解读,专注于灵魂——个人的灵魂,宇宙的灵魂和大全的灵

---

① 〔美〕阿德勒著,王承教、主战炜译:《维吉尔的帝国——〈埃涅阿斯纪〉的政治思想》,北京:华夏出版社,2012 年,第 20 页。

魂,并在灵魂中建立起种和类的观念,从而实现了人与天的合一,但是这种合一却缺少中国文化的作用于家国的意义。普罗提诺的哲学提供了城邦的形而上学论,即城邦的秩序和结构源于对宇宙秩序和结构的模仿,人要回到自己真正的家园。这个家园不是实体的城邦建构起来的满足于家庭、亲戚、朋友聚集在一起吃吃喝喝,各行各业具有安全保障的家园,而是宇宙的家园,与宇宙的大化保持同一。普罗提诺的回家与奥德修斯的回家都是回家,但他们的指向完全不同。由此,在古希腊城邦背景下的家园就转化成了普罗提诺宇宙背景下的天之源。这种转化为基督教的顺利接受提供了可能性。因此,在天上的家园和地上的家园之间形成了同一性的表述。真正的家园在"天国",因而,顺着"天国"而建构起的西方城邦文化具有了神性和精巧性。

否定古希腊的城邦美善,是普罗提诺哲学对古罗马民族智慧的一种沉思,也是古罗马向中世纪哲学转变的重要因素。如果说柏拉图在《理想国》中否定了家庭的重要地位,确立起了城邦的价值观念,那么普罗提诺在《九章集》中否定了城邦的重要地位,确立了宇宙的价值观念。对城邦美善的否定,实际上改变了城邦确立起来的规范,如正义、智慧、勇敢、节制等,而在宇宙的角度进行了进一步的阐释,但是普罗提诺对宇宙仍是否定的态度,因为在普罗提诺看来,宇宙生成于灵魂的能量。

第 3 节 否定 3：宇宙的美善

从否定生命的美善,再到否定城邦的美善,我们抵达了宇宙的美善,这个问题在普罗提诺的时代是可见世界的顶点。在否定了可见世界的存在之后,一个真正的美善本体才能得到阐释。因为可见的世界都是被生成的,在可见的背后有一种生成的力量——灵魂。

　　在古希腊的早期宇宙论之中，世界被解释成水、火、土、气四元素之一，或者是四元素的相互生成。之所以产生这样的解释：一方面是古希腊神话的因素，在赫西俄德的《神谱》中隐藏了所有的原因，从混沌到大地、天空、黑夜、白天以及诸神的生成；另一方面是古希腊的哲学家将世界作为一个整体的循环系统，对可见的循环系统进行类比性关联的结果。天空下雨，大地生长植物，植物死亡变成土，大海侵袭着土地，水抵达天空，又从天空降落下来。因此，在赫拉克利特、恩培多克勒的哲学中，形成了循环性的解释系统。这种循环的解释系统在巴门尼德的存在论中被打破，因为巴门尼德探讨存在之为存在的原因，不在宇宙之内，他在正义女神的引领下，走出了宇宙之门，抵达了宇宙存在之为存在的缘由。在《论自然　残篇1》(On Nature)中，巴门尼德写道：

　　　　那里有黑夜和白昼之路的大门，/大门周围环绕着石头门楣和门槛，/而那天门的入口本身又带着巨大的门扇，/主司报应的正义女神，掌管着惩罚的钥匙。/少女们用温和的言辞，机智的/说服她将那栓着的门闩迅速挪开/于是巨门大大敞开，露出了一道宽阔的入口，黄铜色的门轴在轴座中依次旋转，/它们原本用铆闩固定，此时，少女们笔直的穿过大门入口，/驾着这马车和马匹，走上宽阔的大道。女神和善的接待我，手握我的右手，/对我说了下面的话：……①

　　在这段文字中，巴门尼德超越了黑夜和白昼的区分，进入了永恒生成的道路，这永恒的道路掌管着自然生成的秘密，掌管着黑夜和白昼的

---

① 〔古希腊〕巴门尼德著，大卫·盖洛普英译、李静滢汉译：《巴门尼德著作残篇》，桂林：广西师范大学出版社，2011年，第68—70页。

秘密。接下来,巴门尼德探讨了存在和非存在的问题,存在之路即是真理之路,是呈现之为呈现的原因。由此,巴门尼德回归了存在的本原,在这个意义上,巴门尼德超越了所有的古希腊自然哲学家,从而确立起了存在之为存在的超越性,超越性即为真理,真理即永恒性价值,这种超越性与中国文化的生成论之间存在者巨大的差异。

中国文化中郭店楚简出土的《太一生水篇》有言:

> 大(太)一生水,水反辅大(太)一,是以成天。天反辅大(太)一,是以成地。天地[复相辅]也,是以成神明。①

老子《道德经》也有言:"上善若水,水利万物而不争。"②中国文化同样解释了太一生天地神明的思想,太一是宇宙系统生成的原因。但是,从《史学月刊》2014 年第 4 期《西汉太一祭祀研究》③和《中国社会科学》2014 年第 3 期《汉代太一信仰的图像考古》④研究来看,中国文化将太一作为祭祀文化和信仰得以确定和传承,将太一与政权的建构结合在一起,而在超越宇宙论意义上的太一,即太一与阴阳的关系并没有得到关注,而是专注于太一与天神、日月之间的关系,以及升仙的问题,从而确定了中国太一文化的实用价值。

普罗提诺关注的太一流溢生成宇宙自然世界没有在中国的太一论信仰中得到体现,汉代的太一论信仰是人的灵魂回归太一,致力于升仙。在《西汉太一祭祀研究》这篇文章中,还讲到了"三一"问题,这里的

---

① 荆门市博物馆:《郭店楚墓竹简》,北京:文物出版社,1988 年,第 125 页。
② 陈鼓应著:《老子注译及评介》,北京:中华书局,2008 年,第 89 页。
③ 田天:《西汉太一祭祀研究》,《史学月刊》2014 年第 4 期。
④ 王煜:《汉代太一信仰的图像考古》,《中国社会科学》2014 年第 3 期。

"三一"指"天一、地一和太一"，与基督教的"三一体"相差甚远，基督教讲"圣父、圣子、圣灵三位一体"，是不可见的上帝在耶稣身上的示现。但是如果抛却形式的区分，在升仙问题上，两者具有一致性。中国的"三一体"是可见世界，并生成于"太一"，与普罗提诺的哲学具有可比性，普罗提诺并不认为"太一生水"，他认为"太一生理智，理智生灵魂，灵魂生宇宙，宇宙生自然，自然生万物。"万物具有理智和灵魂，万物就在太一之中，万物具有回归太一的能力。《太一生水》篇认为：神明生于天地之后。从《神谱》来看，古希腊的神话认为大地之神从混沌神之中生成，如果我们把混沌理解为太一，那么太一首先生大地和爱神，由大地生天空，因为在希腊语中只有阴性才能够生成。天空是阳性的，它只能和大地交合才能生成其他的存在。而在普罗提诺的哲学中，这种生成性的思维已经淡忘，虽然普罗提诺还保留着生成问题的探索，但是他的太一生成论是用来解释万事万物的普遍联系的，太一是世界的本体，是人生成以及人回归的重要问题。与郭店楚简的"太一生水"和汉代的"太一信仰"相比，普罗提诺的哲学更具抽象性质，但这些早期的神话哲学思想体现了对天地万物生成的解释。

如果用赫西俄德的黄金时代、白银时代、青铜时代、英雄时代和黑铁时代来解读古希腊思想的发展，那么黄金时代是神祇生成和争夺领导权的时代；白银时代是神人之间相互信任，并确定人在世间统治权的时代；青铜时代是人间之王的统治时代；英雄时代，是强调英雄对世间人类生活苦难的救助，英雄的血缘往往追溯到神；黑铁时代是人脱离神的统治，并反叛王权的时代，是信仰缺失的时代。从神的权威到人的权威，因为人的自大，人在世界统治权的确立，神的功绩被遗忘了。神千辛万苦创下的有形宇宙被遗忘了。人生活在宇宙之中，将宇宙作为"就是如此"的事物，人不再赞叹大地和天空给人提供的栖息之地，不再赞叹丰富的粮食是大地的奉献,也不再赞叹优美的语言是源于神灵的恩赐。人自满的生活在人权和商业文化所建立的框架之中,宇宙之美都不在人的视野之中。尤其在现代世界,那银幕创造的虚幻之美,精致的商品攫取了人的眼球,人的世界变得如此的狭小,被自己创造的东西攫取住。世界,提供栖息的世界被遗忘。宇宙在无人赞叹中默默地付出了自己,为人类生命存在提供家园。如果人要感恩,首先,人类作为整体要感恩的是宇宙,如果不感恩宇宙的存在,人如何能够拥有自己的栖息之地? 其次,人作为个体要感恩父母,如果没有父母的生养,每个人怎么能出生在这个宇宙之中? 这是人应该感恩的两个世界,在中国文化中形成天地和家庭。如果人的视野能够开阔到如此的境地,人会将嫉妒、仇恨、不公、不满、不幸福、不自由、残忍、争吵、发泄、愤恨放在自己的世界里吗?

宇宙的美善,脱离了欲望的世界,普罗提诺曾经追问过:宇宙有记忆吗? 如果记忆是在人根据肉体的疼痛而选择的逃避或者因肉体生活幸福美满而形成的向往,那么这种记忆就是幻象。宇宙需要这种记忆吗? 宇宙的美善,是宇宙以它特有的秩序的呈现,宇宙不以人的感知和欲望的方式存在。

宇宙的美善,是造物主意志最直接的体现,普罗提诺认为宇宙是神圣实体延伸的世界。宇宙能量之大,在于它承载了世间的万物,如果没有太阳,人能生存吗? 世界能够存在吗? 植物向着太阳而在,整个地球的生命都因太阳而在,人有什么理由不赞叹太阳? 宇宙的智慧,宇宙的知识,宇宙的美善是多么广袤和深邃,世界是多么开阔和多元。

宇宙的美善,要归功于宇宙创造之神,在被创造的思路上,我们走向回归,这个回归没有逻辑终点,是无限的回归。在普罗提诺的哲学中,他并不认为无限是宇宙的根源,如果无限是宇宙的根源,那么无限不会形成有限的存在，因此，宇宙的根源在于太一，太一是宇宙生成的动力，太一无所不在。从宇宙之美善，到自然之美善，到人之美善，再到无生命的质料存在，美善的能量级别是不断降低的，只有回归本原的美善，才能抵达美善的终点。

在普罗提诺哲学中，宇宙作为神圣世界的第一可见存在，对这个可见存在的超越，即抵达本原的美善，本原的美善在"太一、理智和灵魂三本体"中，也是回归"黄金时代"。

第 4 节　肯定：本原的美善

在普罗提诺的哲学中，本原的美善，即在"太一——理智——灵魂"中的美善，这三者被普罗提诺称为本体的世界。在本原的美善中，普罗提诺追溯了美善何者在先的问题。

本原的美善，是宇宙被生成的美善，是灵魂能量的美善。在本原的美善世界里，并没有质料，因为质料是灵魂与属地的存在结合之后生成的，是具身性的灵魂存在。在普罗提诺的观念中，本原美善的世界是原理的世界，这个世界充满逻各斯，普罗提诺将 Noῦς 作为逻各斯的集合源，包括：宇宙、自然、动物和植物的逻各斯。因为普罗提诺一直强调人的理知的存在能够抵达理智的存在，也就是作为逻各斯之源的存在。在柏拉图和普罗提诺的哲学中，都探讨过相似性（similarity）。这种相似性是人的思维结构与宇宙的构成结构之间的相似性，这种相似性源于内感知与外感知的区分：外感知是人用肉眼感知外在世界的问题，内感知是人用灵魂的眼感知思维世界的过程①。前者的美善问题是我

---

① 〔古罗马〕普洛克罗著，石敏敏译：《柏拉图的神学》，北京：中国社会科学出版社，2007 年，第 116 页。普洛克罗所说的"天眼"，"看见上面之物"。

们世界的美善问题,后者的美善问题是思维世界的美善问题。普罗提诺认为:思维世界的美善高于外感知的外在世界的美善,并且思维世界的美善是与宇宙的呈现结构具有相似性,在相似性的问题上,美善具有了高一级的意义。人的思维世界是对外在感知的世界的综合与把握,而这种把握是在美善的意义上,因为美善是思维逻辑精致的外在呈现,而思维的精致是以数的精致结构为中心的。在《蒂迈欧篇》中,柏拉图认为空间是由"四个三角形"组成的,原因是从点到线到面到体的几何发展过程中,人是生活在体之中的,因此,宇宙在"最简省"的意义上,由四个三角形组成。在这种精致的数学与几何思维结构作用于外在世界的解释时,呈现为一种可知性,这是思维建构起的可知性。它是否是世界呈现的规律,似乎不在探讨的范围之内,它不将对错作为把握世界的标准。

在普罗提诺的哲学中,他的灵魂论是一种生成论,因为生成是有根据的,根据什么生成,这是世界的秘密,普罗提诺将其表述为 Νοῦς。Νοῦς是美的原因,是至美的归宿,因为它将世界呈现为现在的样子,并源源不断的呈现[1]。普罗提诺认为世界的大小都是被 Νοῦς 设定好的,因为世界的背后有 Νοῦς,这种观察是以现象为基础的,我们看到人的大小和动物的大小都是一定的,现象界各种生命呈现的大小各有根据。在大小的背后,是美。一只鹦鹉呈现为美丽的形状和颜色,一只猫呈现为可爱的形象等,这是事物本身的呈现,天纹、地理也是如此。但是普罗提诺探讨了丑,他认为虽然世界呈现了美,但世界同样可以显现为丑,这种丑是世界意志,不是造物主的意志,造物主将美的世界呈现,无功利的呈现,而世界作为世界在世界中彼此关联起来,这种关联造成了

---

[1] Plotinus,Ennead Ⅵ.7.42,p.219.

不足，也造成了世界的恶，在这方面尤为显著的是人的世界，因为人的存在面向感知觉和身体，为自己的观念服务，因此人的世界要强调德性和静观。德性和静观是一个世界，是灵魂纯粹性的世界，他不为人的观念和自己的目的而存在。灵魂纯粹性世界依附于一个主体——神。在普罗提诺的哲学中，这个神即是太一，即至善，因此，灵魂的纯粹性世界只有在沉思至善的过程中才能成为至美的存在。在普罗提诺的美善观中，至美源于至善，至善不但是至美的本体，还是"是"的本体，"思"的本体和"二"的本体。至善（太一）是终极本体存在，而至美是至善在 Noῦς 中的精致的闪耀，整个有形世界的美都源于至善与至美的流溢。

在《论语·学而》中，孔子有言："子曰：'弟子，入则孝，出则悌，谨而信，泛爱众，而亲仁。行有余力，则以学文。'"①。在做好了孝、悌、信、爱、仁的情况下，如果还有时间和精力，要学习"文"，杨伯峻先生将文解释为"文献"。在思想层面上，为何人要学"文献"呢？这种教导就是让人回归圣人的内在世界，"文"不是人对外在世界观察到的"花纹""纹饰""文身"等，而是要继承先贤的志向，强大主体的内在世界，达到"人文以化成天下"中的"人文"。用普罗提诺的思想来看是"心文"，"心文"的产生，要靠效仿和沉思，与宇宙的大道互通为一。效仿是对圣人智慧的效仿，沉思是跟随圣人的理路进行沉思，普罗提诺认为的圣人是柏拉图，而他沉思的结果是回归宇宙大全的世界之中，这是柏拉图没有说明的问题。普罗提诺的哲学中，此世的人要进入宇宙之为宇宙，人之为人的本体之中去，脱离此世的存在。因此，美善的本体世界是另一种关联的世界，是世界作为本体的存在，我们将其命名为美善的本体界——Noῦς 及太一的世界。

在这个世界里，人不但能够与自己的本体相遇，也能与万物的本体

---

① 杨伯峻译注：《论语译注》，北京：中华书局，2008 年，第 4—5 页。

相遇。从而在本体的世界形成至美。我们在前四章明确讲解了 Noῦς 的世界包括：原理、法则、秩序、数、思、主体和客体、德性、存在、同和异、运动和静止等。对 Noῦς 世界的思索，是世界有序性的重要法则。在中国文化中，常常讲"情大于法"，原因是中国文化本身是"情文化"。"情文化"的根本没有认识到人本身的呈现是 Noῦς 的结果，人的身体性存在不是人本身。中国人对自己的"身家性命"极为关注，在"身家性命"之外，还有什么重要的东西？中国文化并没有深入的解读。我们常常说在中国文化中，人有喜怒哀乐等情感，是被允许的。因此，我们在公共场合可以大声喧哗，这是中国文化本身形塑的。而西方的基督教文化，它形塑人不能大声喧哗，只有在赞颂无所不能的上帝的过程中，才能放声高歌，并且声音优美。因此，很多人用中国的喧嚣和吵闹对比西方的宁静、有序和神圣。在普罗提诺的哲学中，他也说明了人的身体的情感不是真正的人，真正的人是灵魂的理性存在。由此看来，人的吵闹、人的悲伤、人的痛苦能够被随意地发泄吗？所有的中西社会现象的对比，没有看到思想和文化在形塑一个国家和民族性格的过程中所起到的作用，用三千年的西方文明与三千年的中国文明相互对比，"以西格中"和"全盘西化"都是不现实的问题，这都没有理解中国和西方的文化根底的不同所形塑的中国人与西方人的思维方式和行为方式的不同。

　　本章是本书对普罗提诺美善问题的总结，从现象界的身体的美善，到城邦的美善，再到宇宙的美善，抵达超越宇宙的美善，这个上升的途中，理性灵魂是这些问题的考察的根基。宇宙的普遍关联性是这个问题得以考察的原因，对宇宙普遍关联的形而上学的考察，普罗提诺运用了"太一——理智——灵魂"的观念，可以转化为"善——美——真"的问题。与康德哲学相互对照，我们发现：本体论哲学和认识论哲学的问题指向完全不同，从中可以看出西方哲学发展的变与不变。

第 6 章

太一：美善本原及灵魂的领导者

关于"一"的论述,从泰勒斯的"水是万物的本原和母腹"到柏拉图的《巴门尼德斯篇》提出"一与多",到亚里士多德的形式和质料二分,再到普罗提诺的灵魂与肉体的关系的探讨,都在回应一个问题:世界的本原是什么?这个问题集中于"是"($\varepsilon \iota \mu \iota$, being),"是"具有确定性,可知性,客观性,非个人性、非体验性、非变化性……,但它寻求一个封闭的顶点,即"是来源于哪里?如何是其所是?"因为在谈"是"时一定有主词或谓词,如我是、你是、他是,或是苹果,是牛,是人,如果只说"是",你根本不知"什么是"或者"是什么","是"作为整体的圆融性,并不在是什么之中,它就是抽象的"是"。

在普罗提诺哲学中,理智(Noῦς, Intellect)是"是"问题的原因,世界上万事万物的生长和发育都受到"理智"的束缚,但每一事物的"理智"又必须向往一,因为向往一才能"是其所是"。一旦一成为多,它就处于毁灭的途中,成为多,必然处于时间之中,灵魂从永恒跌入生成,形成过去是、现在是和将来是的区分,普罗提诺把这称为"恶的开始"。处于多中的事物只有凝视永恒,才能成为永恒的子民,最终进入永恒。进入永恒的起点是对美善的追逐,而美善的终极答案在太一(τον ἑνός, the One),通过灵魂凝视美善,超越时间进入永恒的理智,在理智面向太一的过程中,形成了普罗提诺的至善论哲学。

第1节　太一及其历史

关于"一"的问题,古希腊的哲学有一个历史性的进程,这个进程预示了不断推进的逻辑演绎。从泰勒斯的"水是万物的本原和母腹"这样的观念,就产生了"一切是一"的逻辑公式[①]。这个逻辑公式并没有消失,而是为一代代哲学家不断思考,如何进入永恒实体的途径,并用永恒实体来解释世界上万事万物的生成和发展。

毕达哥拉斯学派曾认为:"万物的本原是一。从一产生出二,二是从属于一的不定的质料,一则是原因。从完满的一与不定的二中产生出各种数目;从数产生出点;从点产生出线;从线产生出面;从面产生体;从体产生感觉所及的一切形体;产生出四种元素:水、火、土、气。这四种元素以各种不同的方式相互转化,于是创造出有生命的、精神的、球形的世界,以地为中心,地也是球形的,在地面上住着人。"[②]这种观点阐释了万物是从一产生,从点、线、面到体,到感觉和有形物,再到生命、地球,毕达哥拉斯提供了万物之所以如此的本原"一"。在《蒂迈欧篇》中,蒂迈欧以此为基础,阐释了宇宙以及万物的创造过程。普罗提诺的《九章集》也是在毕达哥拉斯

---

① 〔德〕弗里德里希·尼采著,周国平译:《希腊悲剧时代的哲学》,南京:译林出版社,2011年,第58页。

② 北京大学哲学系外国哲学史教研室选编:《西方哲学原著选读》,北京:商务印书馆,1981年,第20页。

学派哲学观念的基础上对"太一生成万物"和"万物回归于太一"的阐释。

《巴门尼德著作残篇》记载："第一条是：存在者存在，他不可能不存在。这是确信的途径，因为他遵循真理。另一条是：存在者不存在，这个不存在必然存在，走这条路，我告诉你，是什么都学不到的，因为不存在者，你是既不能认识（这当然办不到），也不能说出的。"①对"不存在"的认识是一条妄想的道路，但巴门尼德说"不存在"存在，因此，存在者包括两个方面：存在和不存在，不存在是存在的一部分，但是不存在不能被认识和言说。因为"不存在"一旦被认识和言说就成为"存在"，认识的和言说的只能是存在的，这不可能是"不存在"，"无物非存在"②。因此，"不存在的这条道路什么也学不到"，不存在的存在性为世界的运动、变化和发展，提供了可能性。海德格尔在《形而上学导论》（*An Introduction to Metaphysics*）中开篇就问："为什么在者在而无反倒不在？这是问题的所在。"③存在者之路是世界之路，用赫拉克利特的观点来说，世界之路拥有很深的逻各斯。用巴门尼德的话说，存在之为存在是真理之路。逻各斯和真理互通为一，世界之为世界在逻各斯和真理之中，普罗提诺的逻各斯之源为 Noῦς，同时也是真理之源，但在Noῦς 之上，还有太一。

在《理想国》中，柏拉图认为：从可见世界转向可知世界的引导为数和计算，灵魂召集理性能力和计算能力，将灵魂引导向真理，脱离可

---

① 北京大学哲学系外国哲学史教研室选编：《西方哲学原著选读》，北京：商务印书馆，1981 年，第 31 页。
② 〔古希腊〕巴门尼德著，大卫·盖洛普英译，李静滢汉译：《巴门尼德著作残篇》，桂林：广西师范大学出版社，2011 年，第 78 页。
③ 〔德〕海德格尔著，熊伟、王庆节译：《形而上学导论》，北京：商务印书馆，2005 年，第 3 页。

变世界。数只能用理性去把握,纯粹理性能够看到数的本质。在《泰阿泰德篇》(*Theaetetus*)中,对"知识是什么"①的探讨形成了"知识与关于某某知识"的问题。而对"知识是什么?"的提问,形成了"知识无非是感觉"②的答案,但这个答案也存在问题,当"我"感觉到一事物的过程中必然会形成记忆,也会有知识。当"我"不感觉的时候,记忆仍然存在,也就是关于某某感觉的知识仍然存在。感觉是形成知识的基础,但感觉不光是感觉对象的知识,记忆还是感觉对象的知识,思维更是记忆的知识。亚里士多德的《论灵魂》(*De Anima*)继承了《泰阿泰德篇》的探讨,并综合了《斐多篇》的"回忆论"问题,形成了灵魂的四种能力:营养能力、感觉能力、思维能力和运动能力,从形式与质料,灵魂与身体之间的实体性关系入手,解决了"知识无非是感觉"的问题,既承认感觉的知识,同时又说明了思维和记忆通过心灵形成的知识,形成了"灵魂是第一重要知识"的观点。

在普罗提诺的哲学中,知识与思相关,这种相关性放在了纯粹灵魂论的视域之下,他同时也将万物放在了纯粹灵魂论的视域之下,因此,知识与数的关系成为理解理智实体,以及万物生成的重要问题,而这些都生成于世界的本体——太一(至善)。知识论的问题扩展到了形而上学的问题,灵魂作为现象世界的本原,理智作为灵魂和现象世界的原因,太一是生成的动力,太一生成数和实体,从而表现为理智界的存在,灵魂从理智界获取原理,建构现象世界。人在现象世界之中有感知能力,而在"知识无非是感觉"的意义上,形成了日常生活的知识。在"知

---

① 〔古希腊〕柏拉图著,王晓朝译:《柏拉图全集(第二卷)》,北京:人民出版社,2009年,第658页。
② 〔古希腊〕柏拉图著,王晓朝译:《柏拉图全集(第二卷)》,北京:人民出版社,2009年,第664页。

识源于理智"的层次上，形成的是科学的知识，日常生活知识和科学知识都源于至善的流溢，与万物的呈现原因保持一致。这两种知识系于人的感觉和思维能力，更系于宇宙创造的伟大智慧，从而走向了中世纪上帝造物的神学阐释学。

世界的实体和知识系于至善，在普罗提诺的哲学中，灵魂从身体上升到灵魂本身，再到灵魂的理智存在，到理智，再到太一，灵魂不断抵达它的真正的居所，实现了生命的回归。在回归的轨迹中，我们同时发现了流溢的光辉。在上下流转的本体和现象的世界里，人抵达了圆满，生命抵达了最高的存在。太一是世界创造者的智慧，它是其所是，并使万物是其所是，万物是其所是即是太一的自由意志。

第 2 节　太一即智慧：原初创造者的意志

在《九章集》六卷八章《自由意志与太一意志》(*On Free-will and the Will of the One*)之中，普罗提诺在必然性的视角下，探讨了太一意志的问题。他从"我们的权能"出发，探讨了自愿行动、自我决断和自由意志之间的关系。他认为：自由意志必须在理智的情况下才能发生，自愿行动是自由意志的基础。在宇宙生成论的意义上，太一拥有绝对的自由意志。人的自由意志受制于身体、客观环境、语言、历史、文化等等因素，并没有绝对的自由意志。

以俄狄浦斯(Oedipus)为例，普罗提诺认为俄狄浦斯的行动并不是在自由意志情况下的自愿行动，因为他"无知"，他不知道自己应该知道的事情——自己的亲生父亲和母亲是谁？这恰恰是他犯罪的缘由。如果他知道那位老人是自己的亲生父亲，他绝对不会杀死自己的父亲；如果他知道王后是自己的母亲,他也绝对不会娶了自己的母亲。普罗提诺还认为:"自愿行动是一个人依靠理智的活动,远离身体的情感。"①俄狄浦斯弑父恰恰是因为口角冲动而为,在冲动的过程中,俄狄浦斯陷入了非理性的欲望之中,他受到身体性情感的奴役,杀死了自己的亲生父亲。因此,在普罗提诺哲学中,他强调自由意志是在面向理智的过程中具有决断的功能,而这种自我决断,一定是灵魂面向理智,而不是灵魂面向身体,因为身体被欲望牵引。因此,灵魂的面向形成了两种活动:纯粹理智活动和实践活动。前者是灵魂面向理智活动,在理智保持静止,形成自我决断,但这只限于纯粹理智的活动,这个过程并不作用于实践活动。灵魂面向身体是实践活动,实践活动面向的是外在世界,是行动产生的原因。如果缺少第一个维度,没有自我决断的过程,灵魂面向身体的活动容易形成错误的判断,普罗提诺认为"德性作为一种理智,是理智化的灵魂的状态,在我们的权能之内不属于行动的范畴,而属于理智范畴"②,"实践活动的自我决断和我们权能内的存在不是指向实践和外在活动,而是指向德性的内在活动,它的思想和凝视,但是必须言明:德性是一种理智,不是被理性限定和奴役的激情。"③什么是理智的活动,理智的活动与我们的本性相统一,也就是我们的实体——人作为人的存在。"理智是独立的,德性希望独立,通过监督灵魂,使他变得善良,到达这一点就使它自己自由,也会使得灵魂自由。"④理智和德性是人作为人的存在的实体性活动。在《九章集》一卷一章《生命是什么,人是什么》(*The Animate and the Man*)之中,普

① Plotinus, Ennead Ⅵ.8.3, p.235.
② Plotinus, Ennead Ⅵ.8.5, p.243.
③ Plotinus, Ennead Ⅵ.8.6, p.245.
④ Plotinus, Ennead Ⅵ.8.6, p.243.

罗提诺说："灵魂的低级部分是混合的,灵魂的思想层面才是真正的人。那些低级部分'像狮子一样',像'多头兽'。人与理性的灵魂合一,当我们理性思考时,理性过程是灵魂的活动。"①而我们的存在是通过灵魂追溯到理智和太一而存在的,因此,在理智活动的范畴内,我们回归了本原,形成了理智活动和实践活动的分界,而实践活动必须与德性相互结合,因为德性是灵魂在理智的自我决断的情况下,参与到身体的实践过程中的行动,是符合人的本性存在。

普罗提诺的自由意志就是灵魂面向理智活动所产生的自我决断,从而产生的自愿行动。但是,普罗提诺认为"我们权能内的存在"不具有绝对的自由意志,他认为我们的自由意志是太一自由意志的流溢,我们在太一自由意志的范畴之内,太一拥有绝对的自由意志,太一的自由意志不是偶然的发生,而是必然的发生,这种必然性不是作为某种存在的必然性,而是太一本身的必然性,用一句话来概括,即太一拥有自由意志,自由意志即实体,实体即流溢,流溢即存在。

在普罗提诺的哲学中,自由意志生成了世间的万物,自由意志必须要追溯到太一之中,这种追溯方式与奥古斯丁的《论自由意志》(On Free Choice of the Will)具有相像性,只不过奥古斯丁的论述方式是以上帝为核心,上帝赋予人自由意志,自由意志具有向善和向恶的能力,奥古斯丁认为:自由意志是人作恶的原因,但是这一论述包含了上帝是人作恶的原因的危险,因为奥古斯丁以《圣经》为核心,认为人的原罪来源于亚当的堕落,而人类继承了始祖亚当的罪恶。人在伊甸园中与上帝处于和谐的关系之中,处于上帝的恩典之中,人的罪恶在于人类不能抵挡古蛇诱惑,而这种诱惑的根源在哪里? 智慧和身体,将智慧与身

① Plotinus, Ennead Ⅰ.1.7, p.109, p.111.

体相联。上帝无所不知,上帝是至善的,无所不在的,古蛇来源于哪里?然而上帝为何不阻止亚当和夏娃的堕落? 上帝的目的是什么? 这是《圣经》研究视域下奥古斯丁自由意志问题的悖论。

在普罗提诺哲学中,不存在这样的危险,因为他认为作恶不是自由意志,是自由意志被迫服从身体的需求,在身体的痛苦、快乐、高兴、悲伤、冲动、欲望、非理性等的情感因素之中作恶,这是自由意志服从于身体的要求,是被迫的。普罗提诺并没有假设处于身体中的人是自由的,这与奥古斯丁的自由意志论不同,奥古斯丁的人的理想状态是亚当和夏娃在伊甸园中处于上帝的恩典之中,这种关系不是具有智性灵魂的人,而是具有身体和灵魂的复合物的人。

普罗提诺的自由意志是向着人的实体存在而进行的活动,普罗提诺认为:人的智性灵魂是人的实体性存在,是不朽的,与身体结合的灵魂是可朽的,我们应该尽力逃避与身体结合的灵魂的影响。因此,普罗提诺将恶的问题归结为自由意志被迫服从于身体的意志,真正的善是人的实体性存在的活动,而只有人的实体性存在活动才能抵达人的神性,与宇宙的创造原理之间形成统一。

普罗提诺哲学本身代表了一种禁欲主义的思维方式,并且处于灵肉二分的古希腊灵魂传统之中。与《圣经》视域下亚当和夏娃与上帝的和谐关系不同,因此,在普罗提诺哲学中避免了太一是作恶的原因这样一种论述,因为太一生理智,理智生灵魂,这些都是事物本身的实体性存在,而灵魂本身的生发是非实体性存在,是一种呈现,这种呈现使得世界生机勃勃,处于身体性的感知之中,而这种感知本身满足的是身体性需要,处于与外部世界的关系之中,而事物内在的生发不是作为营养和感知的身体性生发,如果内在的生发作为营养和感知的身体性生发,那么人必然会无限制的生长,因为人在不断地吸收营养,但事实是当人长到一定的大小（size）的时候，他就不再生长了，维持在一定的水平，并依各人而不同，而经历了一定年龄，人还要抵达死亡。因此，在外在世界和内在世界之中是有着一定的联系的，而人的实体性存在是内在世界，非外在世界的欲望性存在，当外在的欲望性存在不能满足善的要求，并和人的内部存在相互抵触的时候，人就处于违反生命的过程之中。

普罗提诺认为人的身体满足基本的需求即可，不能过分地强调身体的需求，这一点与《尼各马可伦理学》中的外在的幸福区分相关，亚里士多德认为："有中等程度的外在的善就可以做高尚的事。"①这里，普罗提诺批判了伊壁鸠鲁的原子论和快乐主义，因为他认为世界本身是有序的，有序的世界一定是处于某种规则之下，而伊壁鸠鲁的原子论认为原子的运动是杂乱无章的，在杂乱无章的本原之后为何产生有序的世界呢？普罗提诺还说快乐并不是人的本质，人的本质是回归宇宙和世界的本原，快乐只是与身体相关的生命活动。生命活动本身是灵魂和身体的复合性存在，人要回归单一的本质：理智神那里②。因此，普罗提诺的自由意志和普罗提诺的人论是保持同一的，"人是什么"决定了人的自由意志的面向，从而产生相应的自我决断，只有灵魂面向理智的自我决断才符合"人是什么"的人的实体性要求，才能成为善的存在。

从太一的角度来看，太一不是二，太一不是多，太一就是它本身，它本身为何能够产生世界万事万物的存在，我们能否取消太一论，将事物的存在本身变成多，并没有实质性的一，也就是说世界的本原是事件。在普罗提诺的哲学中，他花费了大量的力气来谈论这个问题，在《九章集》六卷八章的《自由意志与太一意志》第 8—21 节，普罗提诺翻来覆去

①〔古希腊〕亚里士多德著，廖申白译注：《尼各马可伦理学》，北京：商务印书馆，第 311 页。
② Plotinus, Ennead Ⅲ.1.3, p.17.

地说明这样一个问题：太一是世界的本原，世界的本原是一，一是本质性存在，虽然一本身流溢，但一不是多，太一的自由意志即是太一本身，他是必然性的存在，不是偶然性的存在①。普罗提诺还探讨了"为什么"的思维方式，他认为："这个问题'为什么'是在需求其他的原理，然而太一没有普遍性原理的原理，探究这种事物是什么是在探讨他属于谁，而太一本身并没有他属于谁。"②普罗提诺认为：如果我们问一个事物是什么，我们本身已经抓住了这个事物，也就是说我们已经知道它，然后我们才能问它是什么。因此，是什么是在第二个层面上来发问。对太一的探索不是在"是什么"这样的一种追问之中，因为太一就是本原，他不隶属于其他的存在，他就是顶点，他就是第一者存在，太一存在无法怀疑，无法言说、没有逻辑，没有为什么，没有是，也就是基督教神学中的上帝。我们看到在奥古斯丁的《论自由意志》中，太一和上帝的这种转变是轻而易举的，然而这种转变却增添了新的问题，即：上帝是全能的，无所不在的，那为什么他不能制止亚当的堕落？

普罗提诺的太一论绝不是在上帝文化的视域之中，普罗提诺可能将基督教作为一种参考对象，但是普罗提诺哲学绝不是基督教神学，而是在古希腊神话传统之中，在柏拉图哲学的辐射范围之内，并对亚里士多德哲学进行了批判性研究。他探讨的问题不只是人的问题，更是宇宙运行和万物生长的原因。如果最初的灵魂问题只是在探讨维持人的生命问题的基础上，那么普罗提诺的灵魂论已经超越了局限于人的灵魂问题的探讨，在动物、植物、天地及宇宙的生成方面具有解释的效力。当然，这种解释是普罗提诺的宇宙观和生命观，在灵魂之上的有序世界是理智界，他超越了亚里士多德在《论灵魂》中关于灵魂问题的论述，这

① A.H. Armstong, *Plotinus*, Collier Books, 1962, pp.60-61.
② Plotinus, Ennead Ⅵ.8.11, p.261.

是普罗提诺哲学思想的创新之处，他不同于原子论、存在论，也不同于元素论和斗争论，并在有效性上超越了上述观点，因为在灵魂面向的问题上，面向纯粹世界和面向实践世界形成了有效的统一，而面向纯粹世界是回归人的实体，形成人的善，这种面向有效规定了人的实践活动，在灵魂的纯粹世界里，法、原理、数、几何、生命进行了纯粹性的研究，这是普罗提诺哲学的重要价值。

第 3 节　太一生数：实体和范畴

太一拥有自由意志，自由意志生成实体，实体即流溢，流溢产生存在和形成原理。也就是说太一生实体，太一生实体是太一自由意志流溢的结果，实体在太一之中。在这个问题上，数是怎样产生的？在《九章集》五卷三章《知本体及其超越性》(*On the Knowing Hypostases and That Which is Beyond*)中，普罗提诺认为：数源于思和知道，因为思是二，思必然具有思的主体和客体，思的主体知晓客体，并抵达主体的知道，形成理知的数，但是有一种主体它不思，但是它却主宰着万物，在《九章集》的五卷六章中《超越的存在者不思》(*On the Fact That That which is Beyond Being Does not Think，and On What is the Primary and What the Secondary Thinking Principle*)就是确定了一种超越的存在者，他是存在者的本原，这个本原就是太一（至善），因此，在普罗提诺哲学体系中太一(the one)和不定的二(dyad)生成万事万物，这与毕达哥拉斯的宇宙生成于一和不定的二相同，在《生平》中，朗吉努斯也说"普罗提诺比前人更清晰的阐释了毕达哥拉斯和柏拉图的哲学"[1]。在《智者篇》中，柏拉图提出

① Plotinus，Ennead Ⅰ，p.61.

了五大范畴：存在、运动、静止、同、异。数是在存在之前产生，还是在存在之后产生的？普罗提诺对这个问题的探讨模糊不清，他说："数，在存在之中，与存在同在，并在存在之前，存在建基于数，他的源泉、根和原理。"①"建立在多的存在是数。"②我倾向于太一生数，然而数即存在，因为无论理智、灵魂、还是存在，都是作为"数的存在"。太一首先产生数，数作为一种实体，是理智、灵魂、存在、运动、静止的区分，因为数限定了他们的存在，数也使得他们的存在具有实体性。在理智和灵魂的各自作为一的存在中，才能作为思想实体的本质性区分而得到有效的说明。

在《九章集》六卷六章《论数》开篇，普罗提诺从"一—多"的角度解读了数的问题，他认为一事物存在必然是在面向一而存在，因为只有面向一，他才能成为他自己，这个一，是事物存在的实体，然而，事物的实体本身是被限定的，也就是说它是与一相连的多，而不是多本身，比如：人的身体是有各个部分的，但人的身体的各个部分必然形成一，否则人就会消失，不存在。另一方面，人作为人的存在，其行动必然是面向人的理智和德性实体的存在，这种多本身不是恶，因为这是在一的限定中的多。普罗提诺也认为"宇宙是大而美的，因为宇宙是被美限定的存在，否则宇宙就会在变大的过程中变丑。"③然而，数是在哪里产生？数产生于太一之后，但在这里有两点必须得到说明：一、太一不是数。二、太一不是类概念。太一产生数，是太一自由意志流溢的结果。数作为一种区分，为太一之后的子孙的存在提供了实体，这些数的讨论是理智界的数，这与生物学上的细胞分裂论相似。普罗提诺从现象界到理智界对数的问题进行了区分，他认为数在三个层次上存在：理智的

---

① Plotinus，Ennead Ⅵ.6.9，p.37.
② Plotinus，Ennead Ⅵ.6.10，p.37.
③ Plotinus，Ennead Ⅵ.6.1，p.13.

数,实物的数和量的数。

首先,数是理智界的存在。理智界的数的存在是太一自由意志流溢的结果,理智界的数被太一限定,但是理智界存在的数是非质料性存在。普罗提诺说:"在理智界之中,所有的理智存在都是作为部分的个体存在,有一定数量的理智存在。在理智界数是首要的存在,他在理智之中作为理智存在实现的总和,这就是理智的数。"①理智的数是万事万物形成的原理,他具有一定的数量,不是无限的。当理智的数,在灵魂的作用下,成为呈现的存在时,他就表现为自己的本性,从而形成个体性存在,在个体性存在之中,形成各种的生命体。"存在,当他变成数,变成了成为自己的数,他就被撕裂(不是作为一,而是作为他的一逗留);他被撕裂是根据他想成为他的本性,他根据数产生。……他根据数的力量被撕开,并和数产生的一样多。"②因此,数和存在之间有一种互相依存的性质,数是存在的动力,存在是数的结果,因为这些在太一的自由意志流溢之中。普罗提诺说:"第一和真正的数是真正的实体存在的原理和源泉。"③这些数并没有进入质料性存在,还不能区分为我们数的一个苹果、两个苹果、三个苹果的数。而是作为苹果理智界实体的数,也就是说苹果之所以成为苹果是分享了理智界作为苹果的存在的理智数,也就是苹果的原理,这种原理在苹果的种子中保存。

其次,数作为实物的存在。实物的数是理智数的外化,实物的数确定了一事物成为一事物的尺寸。普罗提诺说:"实体的数凝视形式,分享他们的生产性。"④一棵树和一个人的生长都是由理智的数决定的,

① Plotinus, Ennead Ⅵ.6.15, p.59.
② Plotinus, Ennead Ⅵ.6.15, p.59, p.61.
③ Plotinus, Ennead Ⅵ.6.15, p.61.
④ Plotinus, Ennead Ⅵ.6.9, p.37.

而理智的数本身是不可见的,理智的数通过灵魂与质料的结合,形成可见的实物,这个可见的实物,向我们展示了理智数作为实物的一种原因,也就是说,在榆树和柳树的区分中,我们看到了作为理智数的榆树和柳树是不同的,否则我们不可能在表象的区分上将两者区分开来。而实物的数也是被限定的,因为一棵树不能无限制生长,一个人也不能无限制生长。在普罗提诺哲学中,如果一事物无限制生长就代表了该事物的恶,没有被一限定,也就是说处于缺乏和疾病的状态之中。实物的数是我们可见世界的存在,每一事物本身都有一定的数。在这个层次上,我们可以探讨大和小的问题。因为一个苹果是大的,另一个苹果是小的,这种大小之间的区分是作为实物的区分,处于关系问题之中。在理智数之中并没有大、小、时间和空间的区分,因为理智界的数是永恒的存在,并不表现为可见的时间和空间中运动、静止、同和异。亚里士多德在《形而上学》卷一中称:"'大与小'之参于一者,由是产生了数,故数之物因为'大与小',其式因为'一'。"①这种"参于一"是作为实物的参照,这种数在普罗提诺哲学中被称为量的数。柏拉图认为:数离开感觉也能存在。他将事物区分为感觉数和理知数②。亚里士多德在考察现象界实物之间的关系,提出了实体、数量、性质、关系、地点、时间、状态、具有、主动、被动十大范畴。普罗提诺批判了亚里士多德的观点,继承了柏拉图的观点并进一步在灵魂论和理智论的视域上来探讨形而上学的数的问题,以及数如何成为太一流溢产生存在。在普罗提诺哲学中,数被分成了两个世界的存在:现象界的数和本体界的数。

---

① 〔古希腊〕亚里士多德著,吴寿彭译:《形而上学》,北京:商务印书馆,2012 年,第 19 页。
② 〔古希腊〕亚里士多德著,吴寿彭译:《形而上学》,北京:商务印书馆,2012 年,第 26 页。

现象界中的数在本体界中都能找到相应的原因,只不过本体界的数存在是非质料性的存在,是原理的存在,这种存在在数的范畴内具有秩序,具有美善的价值。而在现象界是通过感知造成区分形成多样性,但是这种多样性归属于一个"种的范畴"之中,这种的范畴就是灵魂的理智存在,这是种的范畴的原因,也是理智界的数存在。在《论自由意志》中,奥古斯丁也探讨数的问题,他认为:"数的秩序,被知为一和不变的,不为身体感官所感知。"①数的智慧和真理是相连的,因为他的数论也是理智界的数,不是通过感知觉所感知的区分的数。

再次,数作为量的存在。量的数是在感知觉基础上形成的存在,形成一个、两个、三个的区分,但是这种区分是在同一种类的基础上,可以说"给我三个苹果",却不可以说"给我三个苹果和梨",第二种表述不能传达正确的意义,老板会问:你要三个苹果,还是三个梨?因此,量的数,是在同一种类内的表达,受到理智的数和实物的数的限制,比如说"给我三个大苹果",这个表述既包括量的数又包括实物的数和理智的数,因为三个、大、苹果,分别是量,实物和理智。由此可知,现象界的存在具有复合性,但是这三者的存在都依靠理智的数,如果没有理智的数,苹果不会产生,不会有大小,更不会有几个。在小学生的作业中存在着大量的这种练习,以确保语言的正确使用以及相应的意义传达。在面对现象界时,普罗提诺选择了回归理智界的存在。而在这种回归之中,只有受到太一的召唤,受到生命实体,本原的召唤,才能具有回归的动力。在感知基础上的事物是具有区分性的世界,用于满足身体的需要,应灵魂的理智之光,太一的召唤,进入永恒的世界之中的存在,不是满足于身体,而是满足于人的实体的需要。普罗提诺在生命的晚期

---

① 〔古罗马〕奥古斯丁著,成官泯译:《论自由意志》,上海:上海人民出版社,2013年,第114页。

体验到一种神圣的存在,这种神圣的存在,在古希腊哲学的光辉之中。在奥古斯丁的著作中,这种神圣的理智之光转换成上帝无所不在的恩典。因此,普罗提诺哲学是古希腊哲学在古罗马时期的蜕变,也是古希腊哲学最后的余晖,这种余晖在奥古斯丁的著作中得到了继承和发扬,奥古斯丁说:"柏拉图的学说是哲学中最纯粹卓越的,已经特别在普罗提诺那里展示出来,吹尽错误的乌云。这位柏拉图派的哲人被认为如此像他的宗师以致人们必定认为两人生活在同一时,或者,既然他们相隔这么久,那就是柏拉图重新活在普罗提诺中。"①这里"错误的乌云"指的是中期柏拉图主义及诺斯替主义对柏拉图思想的阐释,以及对"德穆革"问题的探讨,普罗提诺哲学是纯粹哲学的代表,他强调的是自然生成的秘密和自然界限的来源。

太一生数,但太一本身并不发生变化,太一永远是太一。在数中,理智界的存在变成可区分的存在,思具有了主体和客体,思具有二(dyad)的意义,在二的意义上产生了异,世界从此不断地与自身分离,分离出无限的世界,形成了存在链条②。存在具有运动和静止的性质,但理智界的思是纯粹的,非质料性的,因此,他的主体和客体,是作为关系性的存在,在思辨的逻辑之中,因此,智慧是回归生命的存在本身,而不是被身体性的欲望牵引而抵达生命的快乐。在普罗提诺的哲学中,探得的是生命的知识,不是借助于科技使人享受,使人的肉体生命延续的知识,因为肉体生命的延续,恰恰是作为生命本质的知识的探索。因此,普罗提诺哲学是真正的生命哲学,与在概念中游戏的哲学不同,他

---

① 〔古罗马〕奥古斯丁著,成官泯译:《论自由意志》,上海:上海人民出版社,2013年,第 30 页。

② 〔德〕黑格尔著,贺麟、王太庆译:《哲学史讲演录(第三卷)》,北京:商务印书馆,2009 年,第 210 页。黑格尔认为:普罗提诺的 Noῦς 本身是一个能思者,里面包含着 δυάς(二元)。

不是为哲学史学科流派的发展提供一种超越性的思考，而是对生命本身的思考，具有重要的意义。

第 4 节　太一引导灵魂：自足的形式与理智之光

"太一拥有自由意志，自由意志生成实体，实体即流溢，流溢产生存在和形成原理。"在流溢的表现形式问题上，普罗提诺运用了"光"的概念。光的概念追溯到太一之中，因为只有光的存在，世界才有了视域，才能够开始演化。普罗提诺认为可见世界形成于光之中，这个问题可以追溯到《神谱》中的光明（φάος）和暗夜（νύζ）的生成问题，形成了世界的可见性和不可见性问题的最初探索，可见性生成于广大的不可见的世界之中，因此，在生命的意义上，最初开创世界的是可见的光。

在普罗提诺哲学中，最初的世界是纯粹的光。纯粹的光在太一源源不断地涌溢中产生了异（difference），当异被限定的时候，就产生了理智的视域。理智的视域在不断地回望（seeing）太一的过程中，产生了存在和思想。存在、异、同、运动、静止、思想之间的演化在太一和理智的视域中完成了，完成了柏拉图在《智者篇》提出的五大范畴本体问题。从太一到理智视域的产生，但这个演化还没有结束，当思想具有对错的观念之时，思想就处于困惑之中，困惑产生了思想本身的演化。思想的演化是本体界的最后一个环节，体现为灵魂创造有形实体，抵达灵魂的确定性。灵魂在理智的视域中是纯粹的灵魂，而当灵魂在困惑的视域中，就产生了有形的身体。当灵魂创造身体之时，灵魂就得到了灵魂视域的确定性，灵魂产生了属于自己的存在，分散进入有形物的实体之中，普罗提诺认为宇宙是神圣实体的最后一个环节。

直到动物和人的灵魂的生成,世界就处在外在可见的世界和内在可见的世界之中,动物和人通过身体的感知作用于外在世界,而外在世界本身的生成是在光的视域之中,但人和动物并没有感知到万事万物的内在之光,而是被外在世界的可见光形塑,白天和黑夜成为人认知世界的主要方式。而在这些区分中,人远离了真正的人的存在,人向外在的世界寻找生命的意义。人的理性是人回归内在世界的途径,因为只有理性能够在人的内在世界中创造一种视域,通过想象力和联想,形成一种图像,这种理性在灵魂之光的照耀下回归到生命的自足本体,在普罗提诺看来,回归即是拥有理智,拥有德性,实现向善的活动。这种活动在思维结构上与宇宙的运行规则是相通的,因此,人能在相似性的问题上具有理解宇宙的功能。

在人向外的视域中,光的视域反而成为一种物的外在性的视域。我们只是从物的外在性视域中感受到物的生成,从来没有进入物的内在性视域之中,即使人本身,也没有真正进入人的内在性视域之中,以内在性视域为起点,人才能返回真正的人。从外在物的生成过程,我们发现外在世界自身处于光的视域之中,人和动物本身也同时处于光的视域之中,但是人和动物忘记了向着内在视域的回望,而只是向着外在视域的寻求,形成了男女的世界,家庭的世界,城邦的世界和宇宙的世界,这些世界是有形的人的世界存在的基础。在普罗提诺的时代,这个世界充满了战争、压迫和不公正,尤其是政治的世界,不光是肉体的压迫,更是精神的迫害。而在普罗提诺的哲学中,从外在世界的光回归到内在世界的光,是人的本体的回归,这种回归受到太一本体的牵引,是世界在太一本体中的存在。从世界的生成模式来看:天空、大地、动物和植物,都处于太一本体流溢的宇宙本体和自然本体之中,只有人具有超越宇宙本体和自然本体的能力,因为人能认识宇宙本体和自然的本体，人能改造宇宙和自然，为自己的世俗生活创造美好的空间。人的创造是太一本体中的存在，人不可能在太一本体之外来创造，并且人的创造一部分原因在于对太一呈现的智慧的获取。人的理性和创造改变了自然的生态，使得自然按照人的方式来呈现自身。但是，在普罗提诺的视域下，越是这样的创造，人越失去了自己的本体，人把自己的本体浪费在可见光的外在世界，人通过人的劳动改造了光形成的世界，但是光本身并没有改变，光形成的世界并不是世界本身，而是人类世界的载体，这个载体并不是本体，而是呈现，是灵魂流溢的呈现。人在呈现之中让这个世界越来越美，越来越适合居住，因此，人面临的问题也会越来越多。因为人和人形成了相互关联的庞大的社会体系，这个体系并不是内在的感知的光的世界，而是外在的感知的光形成的有形世界，有形世界的完美使得人的生命延长，使得世界符合肉体的人的目的。但肉体的人的目的不是人的本体，人回归自己的本体是每一个人的使命。无论一个人多么有成就，无论外在有形世界被人改造得如何完美，人一定要回归自己的本体，也就是说人一定要面向死亡。对可见世界的探索，让人的回归成为一种恐惧，人在这个世界流连忘返，忘记了自己真正的使命。

太一之光，是世界本体之光，灵魂通过理智面向太一之光，是人的回归，是世界的回归，是自然的回归，是地球的回归，也是宇宙的回归。在所有的灵魂都回归到太一之光的过程中，我们世界的恶就消失了，人的有形世界的不完满就消失了，人类整体进入完满的世界。人的有形世界不完满的消失，是太一圆满性的回归。这与资产阶级时代的哲学与宗教完全不同，资产阶级时代的哲学并不强调人的回归，而是强调人要通过人在地球上创造一个完满的联合体，致力于我们的世界的探索，这项探索在时间的视域中，是没有止境的存在，在过去与未来之间永恒的生成,而把握这种生成的存在,即为我本身以及我的意识。在费希特(Johann Gottlieb Fichte)的著作《人的使命》(*The Vocation of Man*)中,费希特认为:"我要做自然的主人,自然该是我的仆人;我要根据我的力量来影响自然,而不是自然来影响我。"①费希特把人的整体性存在作为一种变动的事实,这个世界的整体性存在,只有在我之中,才能具有确定性和可知性,每一个人都是靠我的意识而存在,并且意识具有描述性、规律性、可靠性和确定性,唯有通过意识,人才能成为真正的人,他认为:"只有个人才有完全的确定性和现实性"②因此,世界整体性事实必须通过我的意志本身的意识和行动来改造我们的世界,如何改造? 通过直观无限者创造的完美的宇宙、自然,通过行动把完美的存在带入"我们的世界",在未来的视域中,将抵达我们这个世界与完美世界的合一。

费希特的哲学更具有人文关怀,而这个完美的世界是否能在未来的视域中实现,费希特运用了信仰,费希特确信在未来的世界中一定能够实现这样一个完满的世界。在《人的使命》的结尾,费希特兴奋地写道:

> 我这样生活着,这样存在着,因此,对于一切永恒状态我都是不变的,坚定的与完善的;因为这存在不是从外接纳来的存在,而是我固有的,唯一真实的存在与本质。③

---

① 〔德〕费希特著,梁志学、沈真译:《论学者使命 人的使命》,北京:商务印书馆,2003 年,第 88 页。
② 〔德〕费希特著,梁志学、沈真译:《论学者使命 人的使命》,北京:商务印书馆,2003 年,第 82 页。
③ 〔德〕费希特著,梁志学、沈真译:《论学者使命 人的使命》,北京:商务印书馆,2003 年,第 218 页。

　　通过艰难的跋涉，从怀疑到知识再到信仰，最终费希特感受到了"我"与完美的世界合一的快乐，"我"突破了"我与非我"的界限，将"非我"融合到"我"的整体性中，实现了世界的完满存在，这个时刻的到来是费希特哲学的欢庆。只要坚信费希特的欢庆时刻，我们就不断地处在通向完满的途中，整个世界在这个途中，绽放自己的生命，这是一个多么完美的世界啊！而在普罗提诺的哲学中，人是不可能在我们的世界抵达至善的世界的。我们这个世界一定要回归，通过灵魂凝视理智抵达太一本体，通过死亡之后，人彻底地与身体分离才能抵达完美的世界，在太一的内在之光的召唤中形成回归的使命，抵达了至善的视域。

　　在普罗提诺哲学中，灵魂的回归，在人死亡的那一刻抵达了起点。这内在之光是具有人的形式的存在，抵达了他在世存在的所有使命的终点，这也是"苏格拉底之死"的使命。他面向了一个崭新的存在，一个新的起点，这个起点是本体的世界，非肉体的可见的世界。在这个光的世界里，一切都是可以转化的，他转化成形式、原理、智慧，只有在这种转化中，世界才能是明亮的世界。人才能感受到祖辈通过不懈的努力而传承下来的人的智慧。任何作为肉体存在的人的享受，都是祖辈用生命和智慧积累的。面向本体，面向智慧，面向光的世界，宇宙形成了一种可理解与可转化生成的存在，在这种存在中，人、动物和植物一切无机物都成为一种光，美丽的光在世界上照耀着生命，世界因此而生机勃勃，回归于光的世界是人的使命。

　　本章我们抵达了普罗提诺哲学的源头——太一。太一是纯粹的光，拥有绝对的自由意志，太一自由意志的流溢产生了数、存在以及有形物，灵魂的回归是回归到太一的光之中，回归于宇宙圆满的本体。在太一的光中，世界变成完满的存在，人回归到了自己本有的家园。

第 7 章

美善观与太一论：价值与局限

美善和太一,是普罗提诺哲学的精髓,但美善和太一问题致力于人的回归,它并不致力于人的社会实践。普罗提诺哲学的价值在于开拓出一个本体的美善的世界,人能够认知那个本体的美善世界,人的实践也应该趋向那个本体的美善世界。然而,现实社会中的人是多元的,往往认知到美善的本体,而不能在社会上实现美善,普罗提诺哲学的价值在于,认知哲学的完满性是由于灵魂向着理智界的回归。他的美善问题不在人与人结成的城邦,而在人的灵魂,人的智慧和人的回归。缺点在于对现实世界没有任何改变。在费希特的《人的使命》中,这种缺憾得到了弥补,人的美善的世界不必期待"精神"的人的灵魂存在,而是在整体的人不断的实践中,推向一个完满的未来。

第1节　价值1：美善的
世界本原阐释

　　美善是一个饱足的世界,他们是纯粹灵魂的显现。美善的本原,是世界的本体,人本身处在美善的本原世界之中。普罗提诺在《九章集》中确立了这样一种实在,从而使得美善的世界能够超越时代和历史,具有永恒意义。

对于单个人来说,如果人屈服于肉体的欲望,人就在肉体中寻求欲望的快适,形成恶的起点。在普罗提诺的哲学中,他强调灵魂和肉体的分离,分离产生两种倾向:一是在世存在的分离论;二是死亡之后的分离论。在世存在的分离论是"人知道自己是谁"。当"人知道自己是谁"的时候,人就按照"自己是"的方式来行动,也是人在世存在的使命。而"知道自己是谁"导向的问题是"通过什么知道"这里,我们必须确立起一个美善的本原世界,这个美善的本原世界使得"是"的问题具有根据,如果没有美善的本原世界作为根据,那么在世存在的人会形成各种各样的恶的生命形态,烧杀抢掠成为人的行为方式。当"人知道自己是谁"时,他的知道一定是在德行的意义上的实践活动,这是任何时代的人都必须形成的实践活动。从德行的实践形成对人的在世存在的规定性,规定性并不是外在的规定性,规定性在于"知道自己是谁","知道自己是谁"绝不是在恶的意义上,因为"我是谁"必然超越了肉体的存在和观念的存在。在普罗提诺看来,"我是谁"也不在人的意识的基础上,而是在宇宙的美善本体的基础上。在肉体的存在中,像动物一样的生命,它不会问"我是谁",这是一种沉沦的生活方式。在世存在的分离论是与肉体保持一定距离形成的德行论。死亡之后的分离论是回归本体界,在世存在的美善在于行动,为整个社会和整个时代确立美善的价值理念。死亡之后的分离论,并不认为这种价值理念随着在世存在者的死亡而消失,恰恰在世存在者能够感受到死亡之后的精神的长存,死亡之后的分离具有重要价值:一方面确立起了在世存在的行为准则;另一方面,在本体论的意义上确立起了美善的永恒性。在普罗提诺的这两种分离论相互作用的情况下，美善成为人世间实践的准则，整个世界都在美善的意义上形成关联。

在世存在的美善是一个更大的问题，因为在世存在的人的数量是庞大的，并且在世存在的人要结成集体、城邦和国家。人和人之间形成互动，互通有无，在世存在之间的矛盾和冲突是不能避免的，因此，在世存在要摒弃私人之见，实现明见和洞见，在世存在要上升到精神，在精神之中存在，这就要求对在世存在的德行教育和知识引领。与本体界的美善相比，在世存在行为的规定性，即是国家的法律和公民道德原则。在世存在者必须将自己塑造成公民，必须将自己作为法律和道德的存在，在国家的结构之中，达到有序的善的行动。这更需要在世存在者的"王"的管理的智慧，作用于庞大的国家体系，而庞大的国家体系最终形成一个有序的循环系统，将每一位公民的才智都纳入这个循环系统之中，形成和谐的社会结构，这种结构是至善的结构的流溢，但是最终的结构的完整性在于公民的实践，结构本身是保护处于结构之中的人，而结构的变动性是以人的需求的变动性为中心的，这需要管理者的智慧。在世存在者的世界是一个各司其职，分层有序的世界，体现为一种结构。结构的有序是在世存在者生活的保障。在世存在的美善是公民与公民之间的有序结构的美善，在于实践行动，更在于管理者的美善。只有管理者具有美善的德行才能造福更多的在世存在者。

本原的美善生成美善的结构。在普罗提诺的哲学中，本原的美善生成了宇宙、自然、人、动物、植物和质料的结构，从至善流溢的层次中，建立了有序的存在，这里不存在二律背反，因为每个层次都有自己的生命存在，每一层次的生命存在在实践了自己的美善德行之中升往更高的层次，处于回归至善的途中，这是普罗提诺美善哲学的强大解释力。

第 2 节　价值 2：上帝之城的神学导向

从哲学史的角度来看，普罗提诺的哲学导向了上帝的视域，影响了奥古斯丁，为柏拉图哲学能够在中世纪发挥作用提供了保障。从超越历史的视角来看，普罗提诺的哲学，是一种沉思的哲学。他要求人返回到人本身之中，而普罗提诺并没有将上帝作为一种全知全能的造物主。普罗提诺的太一论主要讲有形世界的驱动力。因此，普罗提诺的哲学是为整个世界思考的哲学，是在灵魂论基础上建构起来的纯粹形而上学。

普罗提诺并没有持上帝论的视角，但是后代哲学家运用普罗提诺的思想来解释上帝的问题。本书的第六章第二节主要讲解了普罗提诺的太一论和上帝论之间的区别，在普罗提诺的哲学中，他并没有明确提出一个宇宙之城的问题，就像嫦娥奔月一样，普罗提诺希望能够生活在宇宙通体透明的世界之中，而不是充满肉体存在的战争烦恼的世界。他同时也看到，这个战争和烦恼的世界本身是有驱动力的，这驱动力本身不是战争和烦恼，他将驱动力向更高更纯净的地方推进，并将柏拉图的《蒂迈欧篇》作为自己宇宙论思考的根基，在 Noῦς 生成的视域下，Noῦς 生成宇宙灵魂与宇宙质料，形成宇宙的有形实体，这与赫西俄德的《神谱》混沌生成论具有相似性，在古希腊神话的视域下，这种神话的观念与上帝创造宇宙世界的观念相似，具有可比性。在中世纪神学解释学中，两者形成了间接的合一，共同作用于解释基督教的宇宙创造的问题。基督教与早期的西方哲学思想和民间思想的博弈，以及在政权的形式上取得统一，基础在于西方有一个传统的神话宇宙观。从这一点来看，中国文化对基督教的接受是不成功的，因为中国的文化系统和哲学系统是早熟的，孔子对神的态度是"敬而远之""未能事人，焉能事鬼""未知生，焉知死"。中国文化脱离了神话思维和感性思维，直接抵达圣人思维。圣人即人，人即能成圣，中国文化不将世界作为一个不可认知的客观存在，在庄子和惠子的"游鱼之乐"中已经彻底批判了不可知论。万物皆为我而存在，即使是它独立于我而存在，也不代表我不能抵达万物的神圣性。在中国文化中，没有一个超越于我和万物存在的神，万物形成与阴阳，人也是如此。人与天地万物处于和谐的关系之中。

在前苏格拉底哲学中，万物从分离到聚合，由分散到统一，由未成形到成形，造成一个封闭的循环系统，形成"我"被生成，"我"在其之后的思维方式，这种思维方式是结构式的和时间性的，形成部分与整体，在先与在后的探讨。在中西对照的视角上，我们看到中国文化的"温柔敦厚""阴阳和合""世界大同""同于大通""美人之美""美美与共"具有超时间和空间重要的意义，并没有先后之分。古希腊哲学形塑了西方社会发展，但西方的文化走向逐渐远离人的诗意世界，即使在资产阶级时代，这种远离人的情况得到了一定的解决，但在社会实现的角度上，并不能抵达"温柔敦厚"的社会现实。在科技和信息传播技术快速发展的今天，关于修养和审美的世界已经变得支离破碎，感性冲动与理性冲动相互作用的和谐统一形成的审美国度被破坏掉，真正的人在审美的国度里找不到任何慰藉。在后现代社会思潮的视角下，变成一种多义和创新，这致使西方社会无法重新思考神圣性，面向东方文化的求经之路必然到来，普罗提诺的哲学形塑的宇宙、自然、人、动物、植物和质料的存在的流溢之路中，我们看到：大部分问题已经交给科学，所谓的上帝造物也让位给科学研究。在这种趋势下，人的伦理道德是否能够让位给科学研究成为一种新的伦理学视角。在康德的哲学中，上帝存在是道德法实践至善的最高原则,在费希特哲学中,直观至善无限者产生的行动是人类社会抵达至善的途径。在黑格尔哲学中,绝对精神是一切逻辑演化的根源,实现了与上帝齐平的资产阶级时代人的哲学。从尼采的"上帝之死"到福柯的"人之死"的过程中,西方社会不但在科学的视角上取代了上帝的创造论,更在伦理学的视角上取代了人的德行在社会实践中的位置。西方的人学成为支离破碎的人学,神被遗忘在黑暗角落中,成为物品。西方的整个社会思潮以及人文思潮陷入日常生活,陷入延异之中,社会生活取代了哲学思考,而后现代的思想是社会思潮的产物,更是经验论和语言哲学推进的把戏,人脱离神性,脱离自然、脱离人性,在动物性和外在的社会结构之中,人忘记反思精神。

从古希腊荷马史诗的"神人同形同性"到《圣经》的上帝造人,人的堕落,人重回上帝的怀抱,再到文艺复兴以来对人的世界的强调,再到启蒙运动的感性、知性、理性、判断、推理、想象力、崇高和美的问题探索,古典时代的哲学结束于神性的衰落与人性的崛起,人创造了一个与上帝齐平的在世存在。现代开启于人性创造的上帝与上帝造人的双重失效,尼采用他的"超人"语言宣判了这一结果,开启了现代的进程,语言哲学和科技哲学推波助澜。现代进入了一个彻底的、沉沦的、人的欲望的时代,身体觉醒的时代。

在普罗提诺哲学中,智慧在太一中,人在向往太一,追求太一本体的过程中,就预示了西方哲学发展的反论,从太一跌落到人间,从人跌落到非人。西方哲学不再需要上帝,不再需要人,甚至不再需要语言。反形而上学、反道德、反哲学、反文化的倾向扑面而来。娱乐和消费在物质极大丰富的西方背景下,成为一种新型的哲学思潮,斯多葛主义复兴,伊壁鸠鲁式的治疗复兴,这种复兴应对人的科技化和信息化,应对着人的身体性享受和身体化治疗。因为,人不再是自然人、神性人、自制的人，人成为流动的数据，人成为社会运转的动力，人也不再是人，社会在满足了人的基本欲望的基础上，通过区分不断地再创造各种各样的欲望需求。在当今的商场中，一排排的物品通以符号的形式摆放在透明的玻璃展台中，通过相似性和区分性刺激着人的购买欲。人在购买欲中生存，人的理想、人的艺术、人的伟大，似乎成为一种不合时宜的聒噪。甚至上帝之城的建构，似乎只在人的娱乐、消费之中，这种娱乐和消费伴随着交通运输和资本运行的全球化趋势，以一种势如破竹的方式摧毁着传统文化，以文化产业包装起来的文化旅游、文化购物、文化消费。挟裹着自然和风景，使得自然和风景变成了收取门票的景区。甚至甘甜的泉水，也变成了商品，成为商人牟利的工具，而现实是清澈的小溪变成了一条条被污染的河流。传统的文化被取消了，新型的文化却没有提上日程，只有消费和娱乐能够缓解工作的压力和生活的忙碌，而在现代节假日背景下的群体性旅游，没有半点休闲的意义，而广告、电视、电影的观念性传播携带着人们对自由与美好的向往，再一次将人的想象和人的理想生活推向无法满足的空幻境界，这无非是生活的一种新型压力。

　　什么样的生活，什么样的需求，能够满足人类的幸福？在《尼各马可伦理学》中，亚里士多德认为："有中等程度的外在的善就可以做高尚的事。"①外在的善满足人的身体的需求，而不是满足人的精神的需求。在精神需求方面，亚里士多德认为："沉思与幸福同在"，"幸福在于某种沉思"，"完善的幸福是某种沉思"。沉浸在后现代状况中，是人的幸福的标准，浪漫爱情、自然田园都与金钱建构起的购买力关联，人也在这种关系中创造自己的思想和观念。一切道德原则，在道德表征和道德

---

① 〔古希腊〕亚里士多德著，廖申白译注：《尼各马可伦理学》，北京：商务印书馆，2003 年，第 311 页。

内涵之间严重脱节,道德话语本身不是一种德性,而是一种掩盖,一种形式。毒奶粉、毒跑道、毒食品,一切能够赚钱的方式都成为人的追求,人丧失了做人的底线,当下人应该扪心自问"何为道德原则?"任何人都不能否定后现代给人类带来的解放,然而任何人也不能肯定后现代的可持续发展。因为,只有精神的产品,才能解放人类生命的狭隘和心灵的孤寂与不安。宁静之中的神性降临,是后现代人无法体会的精神的狂欢。人要超越人的思想和肉体的有限性,人要抵达心灵的无限世界,这是人的使命,尤其是在上帝不在,人趋向死亡的世界里。普罗提诺的哲学并不强调上帝存在,他强调人的死亡,以及死亡的回归,这死亡的回归是上帝之城的入口,"要努力进入窄门"(路加福音 13：24)。

普罗提诺的哲学思想探讨了现象世界的神性存在,他为现象世界而思考,为山川、大地、动物、植物、日月星辰而思考,普罗提诺是一位伟大的哲人,更是一位伟大的诗人,他创制了世界之为世界的智慧,这不在基督教思想之中,而在人的思想的深度。奥古斯丁赞叹了普罗提诺的伟大,普罗提诺的本体是奥古斯丁思想更新的动力之一。

第 3 节　局限：对身体世界的否定

从我们时代的视角来看,普罗提诺是一位书斋式的圣人,根据波菲利的记载,他生命中唯一的一次远征是想去印度和波斯学习,最终以失败告终。剩下的时间,他处于教学和研习希腊经典之中,他以柏拉图哲学为原本,批判了亚里士多德的范畴论①、灵魂论。普罗提诺是一位生活在灵魂中的人,他一生都在批判肉体的惰性,向往纯粹的美善世界。

---

① 〔古希腊〕亚里士多德著,薄林译笺:《〈范畴篇〉笺释——以晚期希腊评注为线索》,上海：华东师范大学出版社,2014 年,第 97—100 页。

　　对身体世界的否定是普罗提诺哲学的局限，正是如此，普罗提诺的哲学是禁欲主义的开端，全身心地沉思至善。普罗提诺也效仿柏拉图要制定理想的城邦法则。但是，从现存的《九章集》来看，普罗提诺对城邦的思考是在天空运行的规则之中，要在地上建立源于天空的秩序。他并没有将人的价值归于人，而是归于神灵的显现。从现代哲学发展路径来看，天空哲学与大地哲学的融合形成了新型的哲学发展模式，因此，对人的灵魂论的探讨必然结合着身体论的探索，这种探索为人的在世存在提供安宁。在《尼采》（Nietzsche）中，海德格尔说："超感性领域和一个超感性的上帝的区域已经崩溃了。"①强力意志的时代到来，强力意志是形而上学的最后完成，其涵盖了身体的形而上学生成。在《心的分析》（The Analysis of Mind）中，罗素（Bertrand Russell）认为："我主张：物质的最终成分即非原子，亦非电子，而是感觉以及在范畴和持续时间上相似于感觉的其他事物，与认为内省揭示了一个根本不同于感觉的精神世界相反，我打算证明：思想、信念、愉悦、痛苦和情感全都是单纯地从感觉和意象中构造出来的，并且有理由认为，就其内在特征而言，意象并不有别于感觉。"②罗素否定了有身体感受而抵达形而上学的途径，也否定了意识与对象之间的关系问题，将形而上学的建构定义为基于感觉，回归于感觉和意象的时间性存在，从而在感觉问题上，形成了中立一元论的观点。从美国学者苏斯特曼的"身体美学"来看，身体作为认知对象，必然是把身体作为存在，而不是将身体作为灵魂的生发，因此，身体营养、身体意识、身体思维、身体治疗、身心和谐、身体美学的问题必然从身体与感觉的角度进行解读，身体和心灵、身体和神

① 〔德〕海德格尔著，孙周兴译：《尼采（下卷）》，北京：商务印书馆，2010 年，第995 页。
② 〔英〕罗素著，贾可春译：《心的分析》，北京：商务印书馆，2010 年，第 103 页。

经、身体和道德、身体和法则、身体和性之间的关系，必然是"现代身体论"学术视域下的重要问题，身体是一个总体的复合物，身体是世界的起点，也是形而上学的起点，而在罗素这里，形而上学的建构被打翻。在普罗提诺的哲学中，他将一切问题都推向灵魂，认为身体是有机体，组成于水火土气等质料，感觉、想象、理性亦是一种质料。

现代学者对身体问题的思考，使得哲学问题回归到了可经验的日常生活，形成对日常生活的认知导向，这是在经验论视域下，对"认识你自己"的推进，"你自己"包括自己的身体经验。因为，在现代日常生活和工作中，身体是缺席的，人总是在观念之中生活，对身体认知视角的开拓，使得身体本身成为意识中的存在，当"我意识到我的脚"的这个凝视的过程中，"我"就从繁重的逻辑、概念、推理的意识之中解脱出来，形成对身体的关注。而这种"我意识到我的脚的运动"是人的另一种回归，回归到人的动物性存在。对"没有意识到的存在"的重新意识，是人对身体的觉醒，同时也是人的意识的整全性发展。在人的动物性存在中，人脱离了人的使命，在短暂的休息之后，抵达的是对生命的热爱，但是，身体意识本身仍需要一个神圣性的维度，这是普罗提诺哲学对现代身心论哲学的一个启示。虽然，"我"意识到"我"身体的衰老，但是在"我"意识到"我"身体衰老的过程中，"我"更要意识到"我"灵魂的丰满，这成为身体哲学的重要补充。

其实，在柏拉图的世界里，灵魂和肉体抵达和谐，这种探索在古希腊是以体育和音乐的方式存在的。伊壁鸠鲁也强调身体的健康和灵魂的安宁，人不要因为死亡而感到恐惧，要适度、冷静、理性地追求快乐，公正的、审慎的、客观地看待幸福，达到不动心的状态。普罗提诺将这种和谐导向了灵魂的和谐，宇宙的和谐。在当今学科划分的时代，体育和音乐成为专门的行业，体力和脑力分工不光是对肉体和灵魂的切割，更是对灵魂的囚禁，因此，身心和谐的问题应该放在重要的位置。后现代视角下的人论的研究，仍要放在身心和谐和劳动创造论的意义上，恰恰身心和谐论和劳动创造论，弥补了灵魂论的超越和身体论的沉沦的二元性问题。

　　普罗提诺的灵魂生发与回归的哲学，具有重要的价值，他提供了现象界的神性思考，专注于内在世界的探索，同时也具有外在性的延展。普罗提诺的太一论、至善论、数论、理智论和灵魂论，形成在特定的历史时代，普罗提诺的哲学导向了基督教神学，如果将普罗提诺的哲学放在文艺复兴之后，放在启蒙哲学和现代哲学的视域之下，他的价值同样是巨大的，因为，普罗提诺超越了历史和时代，代表着人类思维的深度。

附　录

1. 普罗提诺哲学体系图

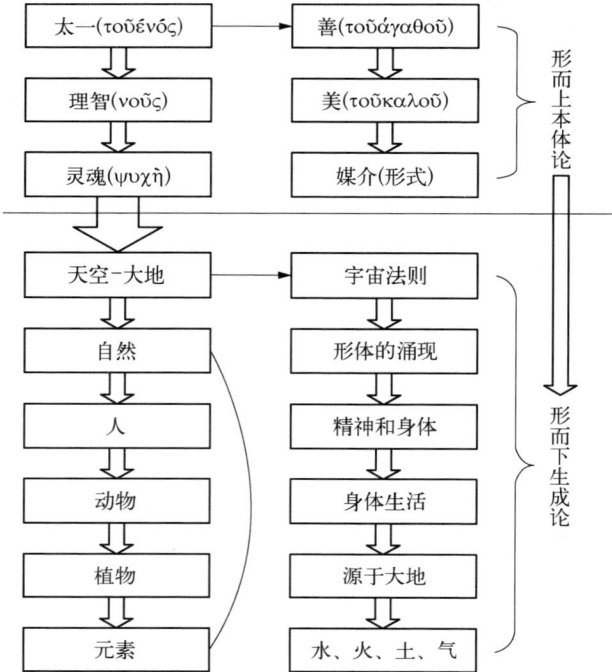

```
太一(τοῦ ἑνός) ────────→ 善(τοῦ ἀγαθοῦ)  ⎫
     ⇓                        ⇓            ⎪
理智(νοῦς)                  美(τοῦ καλοῦ)   ⎬  形而上本体论
     ⇓                        ⇓            ⎪
灵魂(ψυχή)                  媒介(形式)       ⎭
     ⇓
────────────────────────────────────────────
     ⇓
天空-大地 ────────────→ 宇宙法则          ⎫
     ⇓                     ⇓             ⎪
   自然                 形体的涌现          ⎪
     ⇓                     ⇓             ⎪
    人                  精神和身体          ⎬  形而下生成论
     ⇓                     ⇓             ⎪
   动物                  身体生活           ⎪
     ⇓                     ⇓             ⎪
   植物                  源于大地           ⎪
     ⇓                     ⇓             ⎭
   元素                水、火、土、气
```

2. 普罗提诺形而上学演化图

I	II	III
（the One）	（the Intellect）	（the Soul）
Light/good	being	entity
difference	vision	body
limitation	thought	reason

参考文献

一、中文文献

[1]〔古希腊〕荷马著,罗念生、王焕生译:《荷马史诗·伊利亚特》,北京:人民文学出版社,2011 年。

[2]〔古希腊〕荷马著,王焕生译:《荷马史诗·奥德赛》,北京:人民文学出版社,2011 年。

[3]〔古希腊〕赫西俄德著,张竹明、蒋平译:《工作与时日 神谱》,北京:商务印书馆,1991 年。

[4]〔古希腊〕巴门尼德著,大卫·盖洛普英译/评注,李静滢汉译:《巴门尼德著作残篇》,桂林:广西师范大学出版社,2011 年。

[5]〔古希腊〕赫拉克利特著,楚荷译:《赫拉克利特残篇》,桂林:广西师范大学出版社,2007 年。

[6]〔古希腊〕柏拉图著,王晓朝译:《柏拉图全集(四卷本)》,北京:人民出版社,2002 年。

[7]〔古希腊〕亚里士多德著,苗力田译:《亚里士多德全集(十卷本)》,北京:中国人民大学出版社,1990—2009 年。

［8］〔古希腊〕埃斯库罗斯著，张竹明、王焕生译：《古希腊悲剧喜剧全集》，南京：译林出版社，2007年。

［9］〔古希腊〕柏拉图著，郭斌和、张竹明译：《理想国》，北京：商务印书馆，1986年。

［10］〔古希腊〕色诺芬著，吴永泉译：《回忆苏格拉底》，北京：商务印书馆，2010年。

［11］汪子嵩等著，《希腊哲学史（四卷本）》，北京：人民出版社，2001—2010年。

［12］〔美〕米尔恰·伊利亚德著，晏可佳译：《宗教思想史（第2卷）》，上海：上海社会科学出版社，2013年。

［13］〔古希腊〕柏拉图著，王太庆译：《柏拉图对话集》，北京：商务印书馆，2004年。

［14］〔古希腊〕亚里士多德著，吴寿彭译：《形而上学》，北京：商务印书馆，2012年。

［15］〔古希腊〕亚里士多德著，吴寿彭译：《尼各马可伦理学》，北京：商务印书馆，2010年。

［16］〔古罗马〕提图斯·卢克莱修·卡鲁斯著，方书春译：《物性论》，南京：译林出版社，2011年。

［17］〔古罗马〕普罗提诺著，石敏敏译：《九章集》，北京：中国社会科学出版社，2009年。

［18］〔古罗马〕普洛克罗著，石敏敏译：《柏拉图的神学》，北京：中国社会科学出版社，2007年。

［19］〔古罗马〕奥古斯丁著，成官泯译：《论自由意志》，上海：上海人民出版社，2013年。

［20］〔古罗马〕奥古斯丁著，周士良译：《忏悔录》，北京：商务印书馆，

2014 年。

[21] 〔法〕笛卡尔著,庞景仁译:《第一哲学沉思集》,北京:商务印书馆,2012 年。

[22] 〔法〕勒内·笛卡尔著,贾江鸿译:《论灵魂的激情》,北京:商务印书馆,2018 年。

[23] 〔英〕休谟著,曾晓平译:《道德原则研究》,北京:商务印书馆,2009 年。

[24] 〔英〕大卫·休谟著,周晓亮译:《人类理智研究》,北京:中国法制出版社,2011 年。

[25] 〔德〕康德著,李秋零译注:《纯粹理性批判》,北京:中国人民大学出版社,2011 年。

[26] 〔德〕康德著,李秋零译注:《判断力批判》,北京:中国人民大学出版社,2011 年。

[27] 〔德〕康德著,李秋零译注:《实践理性批判》,北京:中国人民大学出版社,2011 年。

[28] 〔德〕费希特著,梁志学、李理译:《伦理学体系》,北京:商务印书馆,2007 年。

[29] 〔德〕黑格尔著,贺麟、王太庆译:《哲学史讲演录(第三卷)》,北京:商务印书馆,2009。

[30] 〔德〕黑格尔著,贺麟译:《小逻辑》,北京:商务印书馆,2012 年。

[31] 〔德〕尼采著,周国平译:《希腊悲剧时代的哲学》,南京:译林出版社,2011 年。

[32] 〔德〕尼采著,孙周兴译:《悲剧的诞生》,北京:商务印书馆,2012 年。

[33] 〔德〕海德格尔著,孙周兴译:《林中路》,上海:上海译文出版社,

2008 年。

[34] 〔德〕海德格尔著,孙周兴译:《尼采》,北京:商务印书馆,
2010 年。

[35] 〔德〕海德格尔著,孙周兴译:《在通向语言的途中》,北京:商务印
书馆,2008 年。

[36] 〔德〕海德格尔著,熊伟、王太庆译:《形而上学导论》,北京:商务
印书馆,2007 年。

[37] 〔英〕罗素著,贾可春译:《心的分析》,北京:商务印书馆,
2010 年。

[38] 吴飞著:《心灵秩序与世界历史》,北京:生活·读书·新知三联
书店,2013 年。

[39] 石敏敏著:《普罗提诺论“是”的形而上学》,上海:上海人民出版
社,2005 年。

[40] 张映伟著:《普罗提诺论恶》,上海:华东师范大学出版社,
2006 年。

[41] 〔德〕策勒尔著,翁绍军译:《古希腊哲学史纲》,济南:山东人民出
版社,1996 年。

[42] 〔美〕大卫·福莱主编,冯俊等译:《从亚里士多德到奥古斯丁》,
北京:中国人民大学出版社,2004 年。

[43] 〔德〕汉斯-格奥尔格·伽达默尔著,洪汉鼎译:《真理与方法》,北
京:商务印书馆,2010 年。

[44] 〔德〕潘能伯格著,李秋零译:《神学与哲学》,北京:商务印书馆,
2013 年。

[45] 〔德〕席勒著,张玉能译:《审美教育书简》,南京:译林出版社,
2009 年。

[46]〔法〕科耶夫著,姜志辉译:《黑格尔导读》,南京:译林出版社,
2005 年。

[47]〔法〕米歇尔·福柯著,张强、马月译:《知识考古学》,北京:生
活·读书·新知三联书店,2008 年。

[48]〔法〕米歇尔·福柯著,佘碧平译:《主体解释学》,上海:上海人民
出版社,2010 年。

[49]〔法〕诺阿姆·乔姆斯基、米歇尔·福柯著,刘玉红译:乔姆斯基、
《福柯论辩录》,桂林:漓江出版社,2012 年。

[50]〔法〕皮埃尔·阿多著,张宪译:《古代哲学的智慧》,上海:上海译
文出版社,2012 年。

[51]〔美〕理查德·舒斯特曼著,程相占译:《身体意识与身体美学》,
北京:商务印书馆,2011 年。

[52]〔美〕玛莎·纳斯鲍姆著,徐向东、陆萌译:《善的脆弱性》,南京:
译林出版社,2007 年。

[53]〔美〕麦金泰尔著,龚群译:《伦理学简史》,北京:商务印书馆,
2003 年。

[54]〔美〕斯东著,董乐山译:《苏格拉底的审判》,北京:北京大学出版
社,2015 年。

[55]〔美〕诺尔曼·李莱佳德著,王利译:《伊壁鸠鲁》,北京:中华书
局,2014 年。

[56]〔美〕阿德勒著,王承教、主战炜译:《维吉尔的帝国——〈埃涅阿
斯纪〉的政治思想》,北京:华夏出版社,2012 年。

[57]〔英〕A.E.泰勒著,谢随知、苗力田、徐鹏译:《柏拉图——生平及
其著作》,济南:山东人民出版社,2011 年。

[58]〔英〕G.S.基尔克、J.E.拉文、M.斯科菲尔德著,聂敏里译:《前苏格

拉底哲学家》,上海:华东师范大学出版社,2014 年。

[59]〔英〕罗素著,何兆武、李约瑟译:《西方哲学史》,北京:商务印书馆,1963 年。

[60]〔英〕约翰·埃德温·桑兹著,张治译:《西方古典学术史》,上海:上海人民出版社,2010 年。

[61] 北京大学哲学系外国哲学史教研室选编:《西方哲学原著选读》,北京:商务印书馆,1981 年。

[62] 陈鼓应译注:《老子注译及评介》,北京:中华书局,2008 年。

[63] 陈鼓应译注:《庄子今注今译》,北京:中华书局,2008 年。

[64] 韩林合著:《虚己以游世——庄子哲学研究》,北京:北京大学出版社,2006 年。

[65] 荆门市博物馆:《郭店楚墓竹简》,北京:文物出版社,1988 年。

[66] 李咏吟著:《美善和谐论》,杭州:浙江大学出版社,2011 年。

[67] 李泽厚著:《美学三书》,天津:天津社会科学出版社,2003 年。

[68] 刘玉鹏著:《自净其心——普罗提诺灵魂学说研究》,杭州:浙江大学出版社,2008 年。

[69] 苗力田主编:《古希腊哲学》,北京:中国人民大学出版社,1989 年。

[70] 钱穆著:《庄子纂笺》,北京:生活·读书·新知三联书店,2014 年。

[71] 王杰著:《审美幻想研究:现代美学导论》,北京:北京大学出版社,2012 年。

[72] 吴雅凌编译:《俄耳普斯教辑语》,北京:华夏出版社,2006 年。

[73] 宣方译注:《金刚经译注》,北京:中华书局,2012 年。

[74] 朱光潜著:《西方美学史》,北京:人民文学出版社,2002 年。

[75] 范明生著：《柏拉图、新柏拉图主义和基督教、早期基督教神学——东西方文化的汇合》，《学术季刊》1985 年第 2 期。

[76] 廖申白著：《试析亚里士多德的灵魂论——基于亚里士多德〈论灵魂〉》，《道德与文明》2012 年第 5 期。

[77] 陈越骅著：《太一的多面相——论普罗提诺形而上学中的最高本原》，《世界哲学》2011 年第 2 期。

[78] 刘云卿著：《论普罗提诺的"宇宙"观念》，《哲学研究》2007 年第 12 期。

[79] 张新樟著：《徘徊在泛神论与虚无主义之间——普罗提诺对诺斯替派的驳斥》，《世界哲学》2011 年第 2 期。

二、外文文献

[1] Plotinus, translated by A. H. Armstrong, *Ennead* I , Mass：Harvard University Press，1989.

[2] Plotinus, translated by A. H. Armstrong, *Ennead* II , Mass：Harvard University Press，1966.

[3] Plotinus, translated by A. H. Armstrong, *Ennead* III , Mass：Harvard University Press，2006.

[4] Plotinus, translated by A. H. Armstrong, *Ennead* IV , Mass：Harvard University Press，1984.

[5] Plotinus, translated by A. H. Armstrong, *Ennead* V , Mass：Harvard University Press，1984.

[6] Plotinus, translated by A. H. Armstrong, *Ennead* VI , Mass：Harvard University Press，1988.

[7] Plotinus，translated by Stephen MacKenna and B. S. Page，*The*

Six Enneads, William Benton, Publisher, 1952.

[8] J. H. Sleeman and Gilbert Pollet, *Lexicon Plotinianum*, Leuven University Press, 1980.

[9] A.H. Armstrong, *Plotinus*, Collier Books, 1962.

[10] Kieran McGroarty, *Plotinus and Eudaimonia*, Oxford: Oxford University Press, 2006.

[11] Lloyd P. Gerson, *The Cambridge Companion to Plotinus*, Cambridge University Press, 2006.

[12] Aristotle, translated by W. S. Helt, *On the Soul*, Mass: Harvard University Press, 1957.

[13] Frederic M. Schroeder, *Form and Transformation*, McGill-Queen's University Press, 1992.

[14] Pierre Hadot, translated by Michael Chase, *Philosophy as a Way of Life*, Blackwell Publishers Ltd, 1995.

[15] Alexander J. Mazur, *The Platonizing Sethian Gnostic Background of Plotinus' Mysticism*, Chicago, Illinois, 2010.

[16] Andreas Graeser, *Plotinus and the Stoics*, Princeton University, 1970.

[17] Danny Munoz-Hutchinson, *Plotinus on Consciousness: A Multi-layered Approach*, University of Pennsylvania, 2009.

[18] Gina Zavota, *The Topos of Time: Plotinus's Metaphysics of time as a Phenomenology*, State University of New York at Stony Brook, 2003.

[19] James Wilberding, *Plotinus' Cosmology: A Study of Ennead II. 1(40)*, University of Chicago, 2003.

[20] Mark J. Nyvlt, *Aristotle and Plotinus on the Simplicity of Nous*, Boston University, 2005.

[21] Plato, translated by R. G. Bury, *Laws*, Mass: Harvard University Press, 1926.

[22] Sara Magrin, *Plotinus' Epistemology and His Reading of the Theaetetus*, McGill University, 2009.

[23] Seamus J. O'Neill, *Towards a Restoration of Plato's Doctrine of Mediation: Platonizing Augustine's Criticism of " The Platonists"*, Dalhousie University, 2008.

[24] Glenn W. Most, Plotinus' Last Words, *The Classical Quarterly*, New Series, Vol. 53, No. 2 (Nov., 2003).

索　引

后　记

　　沪上,交大,五年;懵懂,开化,入道。感谢单世联教授、戴晖教授和李咏吟教授三位恩师的栽培。

　　与交大结缘,要感谢李咏吟教授;承蒙李教授的提携,使我能够进入百年学府交通大学学习;与古罗马的普罗提诺相遇,亦是上天的恩赐。交大四年,与普罗提诺遨游宇宙,思想万物。从沈阳到上海,从文学到哲学,由美国的解构主义研究到古罗马的灵性主义研究,是初生牛犊的大胆,所谓无知无畏。一路走来,回望时,仍心有余悸。

　　读博将近三年时,李老师回归浙江大学。之后,与戴晖教授结缘,戴老师悉心指导,我感恩不尽。戴老师还赠送我德国哲学家赫伯特·博德(Heribert Boeder)先生关于普罗提诺思想的讲课稿,使我受益匪浅。之后,我转至单世联教授名下,单老师关于中国历史和文化的讲述生动有趣,尤其关于中国近现代哲学家与哲学思想的研究,打开了我中西哲学影响和比较研究的思路。我非常感激三位恩师的教诲,使我的学问得到了丰富和提升。

　　感谢上海交通大学媒体与设计学院、人文学院的国际化视野,感谢人文学院院长王杰教授,哲学系高宣扬教授,蔡文菁、邓刚和陈勇老师,他们组织的一系列讲座使我开阔了眼界。哲学是一项伟大的事业,它关心人类发展的兴衰;哲学也是一项平凡的工作,它与其他学科一样,思索事物之所以如此的缘由。在柏林大学开讲辞中,黑格尔说:"对于一切精神教育,一切科学和真理的中心,哲学,必须尊重其地位,优予培植。"(《小逻辑》,贺麟译,第 32 页)无论世界如何变化,哲学一定能够有它的位置,因为人总是从无知到有知,从粗浅到精深,生命本身是一个过程,哲学是这个过程的伴随者。与哲学为伍,与世界同游,即得从狭隘的肉体生命中挣脱而出的欣喜和迷狂。

读博期间,有幸结识交大电院主攻视觉识别的博士生张涛,他尤其喜爱佛学,我们经常探讨佛理,所得启示,亦助于普罗提诺研究。弟陈超凡同学,攻读力学硕士,每有心得,互诉衷肠,人生快哉!感谢我们这一届张玉、汪雨申、谢卓婷、常雪敏、吴玉萍、丁玉娜和肖志涛"博士八人组"的相互帮助。感谢哲学系郑朗、陈素君和闫文娟等同学对我学业和生活的关心。同时,更要感谢媒体与设计学院的王晓玲老师,博士在读期间得到了王老师热情帮助,也给她带来了不少的麻烦,在此一并感谢。最后,还要感谢我的妻子郑省欣,她一方面忙于攻读自己的学位,另一方面还要帮助我处理很多琐碎的事情。

选择在交通大学学习文科需要胆识和勇气,更是一种责任。交通大学是一所承载着中国近代"救亡图存"精神的大学。每念及交通大学历史上赫赫有名的前辈,心中总要升腾起一股冲动,饱含一种深情和致敬,他们的丰功伟绩激励着我进行哲学探索的信心;离开交通大学,仍然不能忘记学校尚存给我的探索和求实的精神。

在上海交通大学媒体与设计学院毕业之后,西北大学新闻传播学院给我一个新的平台,让我重新思考生活和世界。感谢西北大学新闻传播学院院长王春泉教授,广告学系系主任杨立川教授的包容和宽厚,感谢西北大学的同事们,让我在西安有了归属感,感谢西安深厚的历史和人文文化,感谢我可爱的宝宝陈律哲,他的活泼可爱,让我感受到了世界的美好,人生的价值和意义。

千言万语也无法回报父母的付出。前路漫漫,应承担起一份应有的责任,应常怀感恩之心。

2020 春

于西北大学新闻传播学院